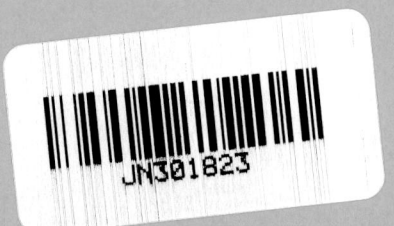

クーラーいらずの
涼しい生活
99の技

イラスト・文　石渡希和子
文　松井一恵

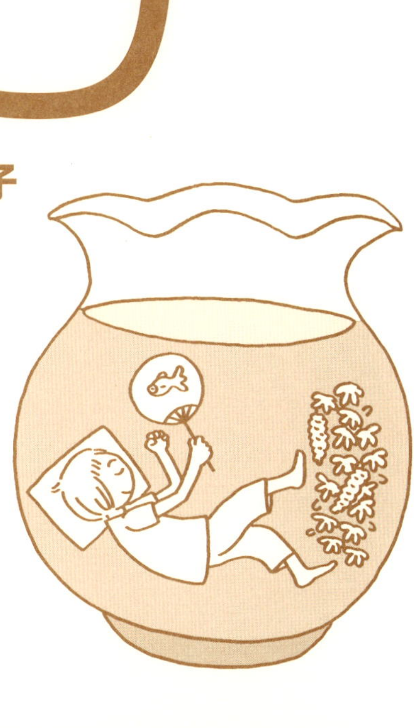

コモンズ

はじめに

2010年の夏は猛暑で、「暑さには強い、クーラーは嫌い」と自負していても、クーラーをつけた人がたくさんいました。人間はラクなほうに流れるもの。プチッとつければ涼しくなる便利な機械に頼り、それに慣れていくのは、自然でしょう。

しかし、2011年3月11日に起きた東日本大震災であまりにも多くの人たちが犠牲になり、原子力発電所事故の予測できない状況によって、私たちは自らの生活を見つめ直す必要に迫られました。単に電気の節約というだけではなく、これからのエネルギーと暮らしのあり方について真剣に考えたいと、多くの人が思っています。

もちろん、簡単に答えが出る問題ではありません。ただ、何かを実行したい。そこで、クーラーを使わずにどれだけ涼しい生活ができるか、いろいろな視点から考えてみることにしました。そして、ふだんの生活のなかで、実際に涼しくなるアイディア、涼しいと感じられるアイディアを集めてみたのが、この本です。

住まいやまちづくり、着るものや食べもの、さらに気持ちや感覚も含めて、内容は多岐にわたっています。単に昔の暮らしに戻ればいいということではないけれど、昔の暮らしから学べることもたくさんありました。

なるべく楽しく実践できるものを中心に、暮らしのちょっとした工夫から大掛かりなことまであります。ひとつでもふたつでも、これはやってみたいとか、これは面白そうだなと思っていただけたら、幸いです。

また、多くの方々のご協力で、この本ができました。この場を借りてお名前をあげ、心から感謝申し上げます。

松本材木店の松本泰典さん・新井純一さん、チームネットの甲斐徹郎さん、風の谷工房の石鍋明夫さん、工象町田の柴田葉月さん、楽天堂の高島千晶さん、アルテ造園の藤本邦彦さん、緑のカーテン応援団の三ツ口拓也さん、ワコールの福岡智亜紀さん、文化学園大学の田村照子先生、ミディネットの米田三輪子さん、竹虎の山岸義浩さん、吉祥寺中医クリニックの長瀬眞彦先生、ホリスティックサロン リリーの小田島彩子さん、真弓小児科医院の真弓定夫先生、アロマヒーリングサロン ミルンの見附真紀さん、アーユルヴェーダサロン プリーティの井上香津子さん、薬日本堂の北村千恵さん(登場順)。

みなさまとともに、涼しく元気に夏を過ごせるように願っています。

なお、＊が付いた商品の販売先や価格などは124ページに紹介しました。

2011年6月

石渡希和子・松井一恵

CONTENTS

2◆ファッション変えて快適に

3◆寝るときは、こうする

4◆昔の暮らしに学ぼう

5◆涼しく感じ(させ)る技

6◆食べて冷んやり健康に

クーラーなしで快適な「緑風の家」

夏のニュースで「最高気温」とともに必ず登場する埼玉県熊谷市。2007年8月16日に40.9℃を、岐阜県多治見《たじみ》市とともに記録しました。この日本でもっとも暑いまちとして名高い熊谷市に驚くなかれ、「クーラーを使わずにクーラーよりも快適な家」があります。キャッチコピーを読んだだけで、猛烈に恋こがれて、訪ねてきました。

モデルハウスが目に飛び込んできただけで、「うわー」。その名も「緑風《りょくふう》の家」。外観を見ているだけで、涼しいのです。

「どうぞ中へ」と案内してくださったのは、この家を建てた松本材木店の松本泰典さんと建築士の新井純一さん。一歩入ると、想像をはるかに超える涼しさ。「外が34～35℃でも、室温は26～28℃をキープします」と松本さん。いたるところからそよ風が入って、通り抜けていきます。大きな窓からは樹々が見えて、森の別荘にいるみたい。

いったい、どうしてこんなに涼しいのでしょうか？

「緑風の家」の企画コーディネイトを担当したのは、チームネット代表の甲斐徹郎さんです。2000年に自ら建てた環境共生型のコーポラティブハウス、樹齢120年のけやきや屋上庭園がある緑に囲まれた「経堂の杜」に住んでいらっしゃいます。うーむ。この緑にヒントがありそう？

甲斐さんは、快適な暮らしを提案するさまざまなセミナーで、たとえば、「25℃の室温は快適ですか？　では25℃の水風呂は快適ですか？」と問いかけます。同じ25℃でも、室温なら快適ですが、水風呂は冷たいですね。実際の温度と、からだで感じる体感温度がイコールではないことに、ハッとさせられます。

この不思議な体感原理を上手に取り入れるとクーラーなしでも快適に過ごせる住まいになるというお手本が、「経堂の杜」「緑風の家」なのです。以下、甲斐さんのアイデアをいくつか紹介しましょう。

チームネット　自然を活かした住まいとまちのプロデュースを専門とした会社。甲斐さんは、一人でも多くにクーラーに頼らない快適な暮らしを紹介するべく、講演したりテレビ番組に出演。著書『自分のためのエコロジー』（筑摩書房）では、体感原理をわかりやすく解説。http://www.teamnet.co.jp/　東京都世田谷区桜2-21-23 経堂の杜106　TEL03-5450-2611

松本材木店　熊谷市石原804-5　TEL048-523-2288　http://緑風の家.com/

うちでは、
この
テレビが
風の流れを
防げていたので、移動しました。

風の道をつくる

「緑風の家」でもっとも印象的だったのは、四方八方から風が通り抜けていく心地良さ。風がすみずみまでいきわたるデザインだからです。風の流れを止めないために、扉を閉めるときが多いお風呂とトイレを居住空間から離しているのに、目からうろこ。

「京都の町家のいいところを真似ました。町家の現代版です」と松本さん。さっそく、各部屋の窓を開け放し、家具を減らして空間を広く確保。風の流れをつくりましょう。

外の暑さを入れず、冷気を取り込む

甲斐さんは「涼しさの原理を知りましょう」と呼びかけます。たとえば、同じ室温28℃で、日よけがない部屋と窓ぎわに木のある部屋では、涼しさの感じ方が大きく違うというのです。

都会では大半の家の周囲にアスファルトがあるため、その放射熱が家全体や窓の表面温度を上げます。それが、さらに室内の壁や家具の表面温度を上げ、からだにあたって暑く感じるというわけ。暑さの根源は、この表面温度です。なんとしても上げないようにしたい。どうすれば？

「ポイントは2つ。外の暑さを入れないことと、外の冷気を取り込むことです。緑と建築の技術と暮らしの工夫で、涼しく過ごせますよ」と甲斐さん。大掛かりなリフォームをしなくても、できる工夫がいくつもあります。まずは家の中から。外の緑については36～43ページを読んでください。

体感温度の目安 ≒ 周囲の表面温度＋気温 / 2

すだれを掛ける

熱は見えないけれど、光(日差し)が入ってくる場所ならわかります。窓です。涼しく暮らせる住まいの工夫で、まず注目すべきは窓。光とともにやってくる熱をシャットアウトし、風の通りをよくするのです。

そこで大活躍するのが、すだれ。簡単に掛けられ、見た目も涼しげで、熱を遮り、風は通します。竹や葦《あし》が素材で、高温多湿な日本の気候風土が生んだかしこい生活道具です。しかも、外からは室内が見えず、室内からは外が見えます。取り付け金具を準備して、さっそく掛けてみましょう。以下の点に注意してください。

①すべての窓に徹底して掛ける。

②庇《ひさし》がある窓も忘れずに。
庇は日よけ効果はあるけれど、地面からの照り返しは遮《さえぎ》れない。

③掛ける位置は窓の外側。
日かげの領域を大きくとり、窓の外に表面温度が高い空間をつくらない。

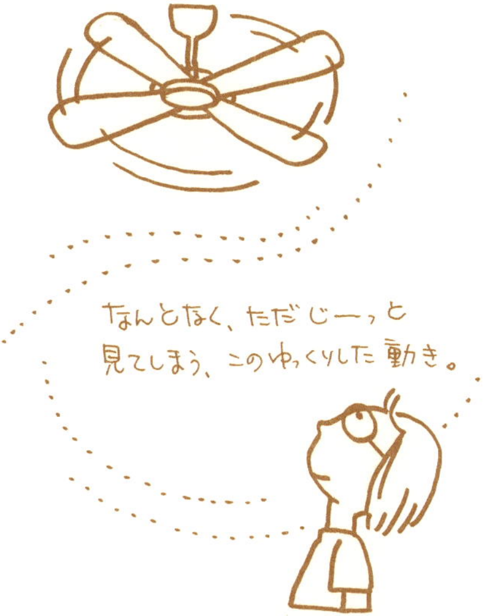
なんとなく、ただじーっと
見てしまう、このゆっくりした動き。

シーリングファンを取り付ける

天井に取り付ける大きな扇風機のようなシーリングファン（天井扇）。「緑風の家」では、大きな羽根が回って室内の空気を動かし、対流を手伝っています。室内で生まれた熱い空気を追い出すように回り、冷たい外気がどんどん入ってくるように、風は上向きです。シーリングファンがなければ、ふつうの扇風機を上に向けて回すのも、いいでしょう（ただし、シーリングファンだけを取り付けても、涼しさは得られません。さまざまな工夫が合わさって、持続する涼しさが生まれます）。

これがパッシブウィンドウ。ぱたぱたぱたー。

パッシブウインドウや天窓をつける

「緑風の家」の外観で特徴的な、養蚕農家の屋根を思わせるパッシブウインドウ*。北側の庭を通って窓から入る風が、デザインされた風の道を通って涼しさを感じさせてくれます。そして、熱くなった風はシーリングファンに手まねきされるように上昇して、パッシブウインドウから熱を排出。熱を出すだけで、外気は入ってこない自動開閉窓です。

いまのところ、ここにしかありません。でも、大丈夫。2012年春には商品化の予定です。新築する予定のある人はぜひ。

また、天窓（夏は雨のときを除いて開けっ放しに）や天井裏の換気扇も、熱を放出するので効果的。この2つは既存の家に取り付けられます。

断熱方法の組み合わせで室温を下げる

熱は、あっちもこっちもみんな同じ温度になりたがる平等主義な性格です。壁や屋根がベニヤ板一枚だったら、どうでしょう。室内が外の熱気と同じと考えただけで、ムワッ。

壁や屋根や床に使う断熱材は、外の熱を断つ強い味方。建物をすっぽりと包み込む外張り断熱(外断熱)、床下の基礎断熱、熱を外に出す効果もある断熱二重屋根(「緑風の家」オリジナル)を組み合わせると、いいでしょう。また、天井の断熱効果を高めるには「現場発泡ウレタン」*がおすすめ。

家を建てる際は、断熱方法や断熱材についてよくリサーチを。「超」や「高」という言葉にだまされてはいけません。

窓を増やす、位置を変える

外は気持ちいい風が吹いているのに、窓から風が入ってこない家もあります。それは、窓が一つしかないために、風の道ができないから。風を取り入れるためには、入り口と出口の二つが必要なのです。

松本さんは、設計図を描く前に、「アメダス」の「風向」を使って通風をシミュレーションします。どの場所に窓をつければ風が通り、より涼しくなるか、よーく調べるのです。既存の家だって、窓の位置を変えたり増やしたりするだけで涼しくなり、省エネに。住宅特定改修特別税額控除が適用になるので、申請を忘れないでください。

すだれ&カーテンのダブル使い。

カーテンで日差しを抑える

涼しさのポイントは室内の表面温度を上げないこと。とにもかくにも家の中に入ってくる光を、できるだけ少なくしたいですね。日中、外出するときは、日差しによって室内に熱をためこまないようにしましょう。

そのために効果的なのが、厚手のカーテンをすべて閉め切ることです。

「夏はやっぱりレースのカーテンでなきゃ」という方には、日射熱を64％も減らすクールカーテン64[*]もあります。

遮熱フィルムと遮熱型窓ガラス

太陽からは、光とともに赤外線がやってきます。これこそが熱の元凶なので、赤外線をカットしましょう。便利なグッズは「遮熱フィルム」*。窓ガラスの内側に貼るだけで、赤外線を約 80 ～ 90％カットできます。

窓ガラスを替えるなら、遮熱効果が高い「Low-E《ローイー》 ガラス」*に。Low-E には特殊金属膜が使用されていて、ふつうのガラスの 5 倍もの熱を遮ることが期待できます。実は、このガラスには、夏に適した遮熱高断熱型と冬に適した高断熱型が存在。衣替えならぬ、ガラス替えをする家もあるそうです。

風が通る雨戸を昼間も閉める

雨が降っていなくても、昼間でも、雨戸を閉めるといいと聞きました。でも、暗くて風が通らなくなるのではと思っていたら、いい商品を発見。角度を変えられる幅の狭い板を平行に組んだ「ルーバー」（よろい戸）を使用した雨戸*や外付けブラインド*です。

斜めにすると光が入って風が通り、外の風景も見えます。これは重要なポイントです。「緑風の家」には、すだれをはめ込んだような「可動よろい戸」が使われていました。

風は通り 外も見える 雨戸

ベランダを涼しくする

南向きで日あたりがよいベランダでは洗濯物が乾燥しすぎて、タオルで顔を拭くと痛いほど。ベランダの床は、たいていコンクリートです。コンクリートは一度熱くなったら冷えにくく、真夏には50℃以上になることも。このベランダの熱が窓を直撃して熱くなり、その熱が室内を熱くします。さて、どうする⁉

プランターをたくさん並べて植物を育てるのも、いいでしょう。朝夕の水やりは、涼しげな日課になります。

足元が涼しいと
洗濯物を干すのも楽しい。

保水機能があるタイル「涼感バーセア」*を敷き詰めるのも一案です。打ち水すると効果が持続。打ち水後は低温を２時間キープし、さらに数時間涼しさが持続するそうです。

自宅でカフェ気分も味わえる。

日よけスクリーンを設置する

カフェやレストランで見かける、大きな庇《ひさし》「オーニング」*。緑と白のストライプなど、ちょっと目をひくおしゃれな日よけです。壁に穴を開けなくてもよい簡易式や突っ張り式があるので、比較的簡単に取り付けOK。一般の住宅でも、ときどき見かけるようになりました。

日差しが入るときに比べて、クーラーの稼働率が３分の１（３㎜の１層ガラス、畳約6.5枚の窓の場合）になります。自宅のベランダがカフェのテラス席に大変身。お店かと思って、お客さんが来ちゃうかも。

深夜に下がった室温を保つ

最近は熱帯夜が多くなりましたが、昼間に比べれば、ぐっと涼しい。深夜から早朝に下がった室温を昼間にキープできれば、涼しさが持続します。とはいえ、窓を開けっ放しにして寝るのは、防犯上おすすめとはいえません。

う〜ん困った。夜の冷気はのどから手が出るほどほしい、うらめしや〜。

この際、雨戸も窓も網戸もドアも、風を通しながらしっかり施錠できる、「ルーバー」(21ページ)に替えてみましょう！

幽霊さんも、どうぞお通りください。

床下の冷気を利用する

おばあちゃんの家には台所に床下収納庫があり、梅干しや味噌などの定位置でした。その現代版を紹介します。

ひとつは、「緑風の家」にあった「蓄冷ウォールシステム」。北側の冷たい空気を地下から汲み上げる井戸水を冷却して、床下から壁内に送る設備です。

もうひとつは、群馬県の司コーポレーションが提案する「エアースルー」[*]という換気システム。地熱利用の考えに基づいて、床下の冷気を屋根裏まで送ります。

不快指数という言葉を聞いたことがありませんか？　これは蒸し暑さを表す指数で、温度と湿度が関係します。80を超えると暑くて汗が出るこの指数が、エアースルーでは24.3。これなら快適に過ごせるはずです。

壁を珪藻土《けいそうど》にする

海底や湖底で長い年月を経て化石化し、粘土状になった植物性プランクトン（珪藻）が、珪藻土です。0.1 ～ 0.2 ミクロンの小さな気孔があって、湿気が多いと吸い、乾燥していると水分を出します。断熱効果は一般的なモルタルの 10 倍！リフォームしてみませんか？

ただし、珪藻土だけではしっかり固まらないので、「緑風の家」では漆喰と混ぜて、壁に使っています。どちらも自然素材なので、化学物質と混ぜてはよさが生かされません。

漆《しっ》喰《くい》の壁を自分で塗る

知り合いのカフェで、何気なく壁にもたれたら、ひやっとして気持ちいい。その正体は漆喰でした。店主が自分で塗ったそうで、応援したのは「風の谷工房」の石鍋明夫さん。

「うちのは、ヨーロッパのアルプスで採れる石灰岩を原料としたスイス漆喰*です。教会やお城に3000年以上前から使われてきました。日本でいえば蔵の素材ですよ」

石鍋さんには、コテの使い方から教えてもらえます。ビー玉やおはじき、シーグラス（砂浜で見つけた角がとれたガラス）などを埋め込んで涼しさを演出するのもいいな。6帖の部屋を自分で塗れば2～3日かかるけれど、費用は約5万円ですみます。

記念に「手形」をつけても楽しいかも。
ぐいっ
やりとげたサイン。

風の谷工房　http://www.kazenotani.info/calkwall.html

18

密集した住宅街でも、屋根が
白かったら、ずいぶん涼しげ。

黒い屋根に白い遮熱塗料を塗る

「暑い屋根裏部屋で寝るなんて絶対無理」と言う方に朗報です。赤外線の反射率が高い、つまり、熱を跳ね返してくれる遮熱塗料があります。屋根に塗るか否かで温度差４℃の記録も。工程は単純ではなく、高所での作業ですので、プロに相談しましょう。

色は白にしませんか。日差しが強いギリシアの屋根も壁も白い家は、伝統的な暮らしの知恵。アメリカのカリフォルニア州には、商業ビルの屋上はCO_2削減のため白く塗るという条例もあるそうです。なお、白以外の高反射塗料もあります。

LED照明に替える

あちこちきょろきょろして、暑さの原因探し中。ふと見上げたら電球と目が合いました。

おぬし、もしや悪者？　手を近づけると案の定、熱いです。電球チェンジなら、迷わずLED(Light Emitting Diode)照明(発光ダイオード)に。

なんといっても熱放射が少ないため、発光部分の温度は65℃(60W相当)と、白熱電球の25～30%しかありません。しかも、寿命は約4万時間と、電球型蛍光灯の4倍です。さらに、電力消費量は10分の1に下がり、電気代は約5分の1に。CO_2排出量も削減できます。

電球の取りはずし、取り付け、
この作業を何度もやらなくてよくなる
それだけでもうれしいと思う。

値段は高いけれど(蛍光灯の約3倍)、長期的にみれば、家計にエコノミー。もちろん、地球にエコロジーです。

椅子の座面を張り替える

椅子に長く座っていると、お尻や太股に汗をかきます。からだに張り付いてベタベタに。いっそのこと、座面を張り替えてみませんか。専門家に聞いてみました。

「一般的なレザー製を綿素材の布に張り替えるだけで、快適になります。綿は通気性があって、汗を吸収するからです。色は、涼しく感じるブルーなど寒色系がいいですね」(「工象《こうしょう》町田」の柴田葉月さん)

お気に入りの椅子を
夏バージョンにするだけで
涼しい時間が。

このほか、夏だけ涼しげな布で覆う「カバーリング」という方法もあります。ただし、形によって向き不向きがあるので、柴田さんにご相談を。椅子の張り替えは1脚4000円〜、カバーリングは6000円〜(布代別途)。

工象町田　ウイーンで修業した柴田さんが一人で営む工房。東京都町田市原町田6-20-3　1階ニチリョク内
TEL042-727-0778　http://kosho-machida.net/

京都の町家の間取りを取り入れる

「訪ねて来られる方が皆さん涼しいとおっしゃいます」と、築100年になる京都の町家で、豆とスパイスの店「楽天堂」を営む高島千晶さん。

南に面して入り口があり、土間と台所が続く「通り庭」が直線で北へ抜けています。見上げると吹き抜けです。南に面して格子窓があり、3間続いて北側に裏庭。トイレとお風呂は離れにあります。「緑風の家」と同じ工夫ですね。南と北が開け放たれているから、風がよく通ります。通り庭に直接光が入らないことも、涼しさの要因。壁は土壁です。

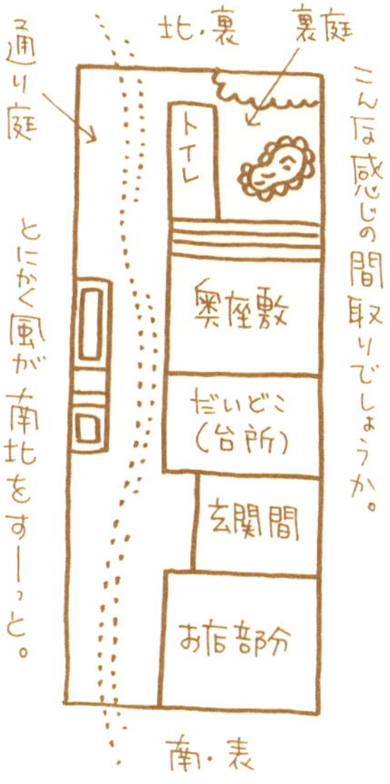
北・裏
裏庭
通り庭
トイレ
奥座敷
だいどこ
(台所)
玄関間
お店部分
南・表
とにかく風が南北をす〜っと。
こんな感じの間取りでしょうか。

「土壁はいいですよ。前に住んでいた人がクロスを張った部屋があるのですが、土壁の部屋のほうが涼しいです」

近所も町家で、皆さんあまりクーラーを使わないとか。だから、なおさらまち全体に風が通るのでしょう。

楽天堂　http://www.rakutendo.com

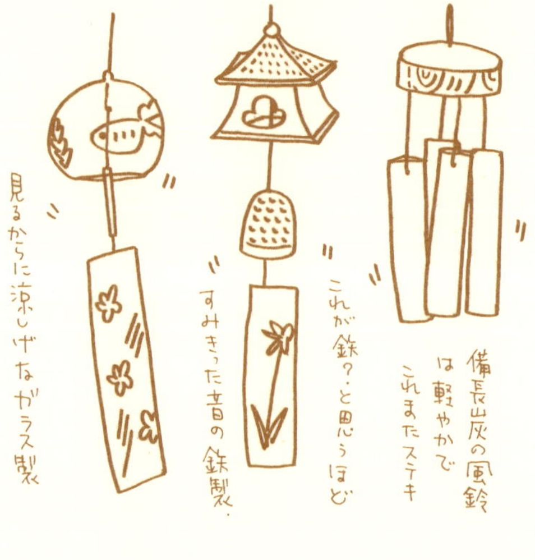
備長炭の風鈴
は軽やかで
これまたステキ
これが鉄?・と思うほど
すみきった音の鉄製。
見るからに涼しげなガラス製

風鈴を吊るす

軒下に吊り下げられた風鈴が、チリリン、チリリン。軽やかな音色はいかにも涼しげ。ただし、最近は、住宅が密集しているところなどで、風鈴の音が「生活騒音」ととらえられることもあるようです。少し寂しい気もしますが、ご近所への気配りをしてこそ風情を楽しめるというもの。風があまりに強い日は、吊るさないほうがいいですね。鉄器、ガラス、陶器と、それぞれ音色が違うので、好みを選びましょう。

扇風機の前にペットボトル

「氷を扇風機の前に置くと涼しい風がくる」と言う人がいます。氷が溶けるときに周囲の熱を奪う気化熱を利用するわけで、打ち水したところに風が吹けば涼しいのと同じこと。いいかもしれないと期待し、２ℓのペットボトルに水道水を入れて凍らせ、扇風機の前に置きました。

結果は、まあまあ涼しい風がきます……。ペットボトルの氷というのが、いまひとつの原因では。大きな氷の柱なら、かなり効果があるのではないでしょうか。

でも、凍らせたペットボトルは、タオルにくるんで抱いてると涼しいし、溶ければ飲めるし、作って損はないかも。負け惜しみではなく！

室内に洗濯物を干す

手を水につけた後で窓から入る風にあててみると、手が冷やっとします。水分が蒸発するときに手の熱が奪われて、冷やっと感じるからです。この原理を応用して、窓辺にカーテンのように洗濯物を干してみました。

室内に入る風で少しずつ乾いていくときに、周囲の気化熱が奪われて、ほんのり涼しー。洗いたての洗濯物も、窓の重ね着の１枚と考えられますね。カーテンを洗ったときは、濡れたまま、風通しのよい窓のカーテンレールにつけて、乾かしましょう。

ネコやイヌに学ぶ

動物的本能に間違いはなし、です。家の中にいるペットたちは、夏は涼しい場所、冬は暖かい場所をいち早く見つけて、くつろいでいます。これを黙って見ている手はありません。ぜひ、ニャンコやワンコが涼んでいる秘密の場所を人間にも譲ってもらいましょう。ただし、そこが人間にとってくつろげる場所かどうかは、また別の話……。

たしかに、そこは涼しかろう・・・が。

26

家を木で囲む

「木には３つの効果があります」と松本材木店の松本さん。

まず景観。家の中からの自然の眺め、鳥のさえずり……それだけで涼しいと感じます。

つぎに、家のまわりで生み出される微気候。狭い地域で周囲と温度や湿度が違う現象です。南側の木の葉から水蒸気が出て上昇気流が発生し、涼しい北側では下降気流になって、空気がめぐる結果、涼しくなります。キーマンは、北側の

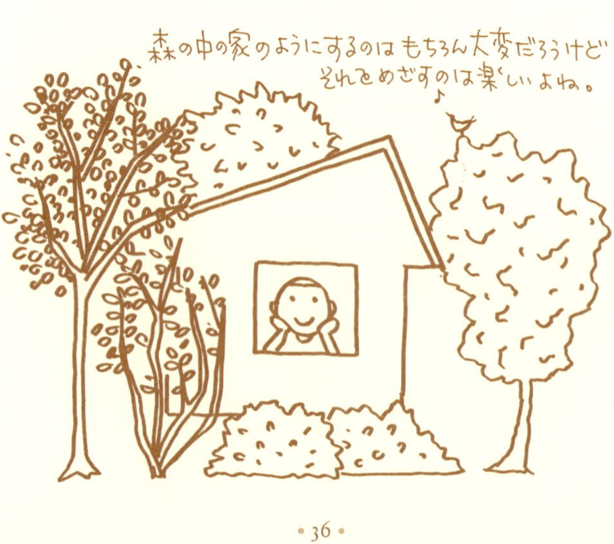
森の中の家のようにするのはもちろん大変だろうけど
それをめざすのは楽しいよね。

木。この北側の涼しい空気を室内に引っ張り込みましょう。

３つ目は、涼しさと直接関係はないけれど、木の下に集まってバーベキューをしたり、人が利用できる楽しみが増えるということ。

目標は、いろいろな木がある雑木林のような庭です。ただし、手入れが大変だと二の足を踏んでしまいます。庭仕事オンチでも自然まかせで育つ、手のかからない庭にするには？

アルテ造園の藤本邦彦さんに聞いてみました。

「大木ばかり植えずに、日照条件を考えて１ｍ以下の低木や多年草をうまく使い、高い木、低い木、さらに下の草からなる３層構造にするのがポイントです」

では、おすすめの種類はというと……。

「落葉樹は、姿がよく、花がきれいなジューンベリー(実もおいしい)やセイヨウカマツカ(鳥が好む)。どちらもバラ科です。常緑樹は、２本植えると実がなるフェイジョア(フトモモ科)や風にそよそよとそよぐソヨゴ(モチノキ科)。それぞれ10年で４〜５ｍの高さになります。低木ではブルーベリーやヤマブキ、下草にはギボウシやクリスマスローズなどがよいでしょう」

家のまわりに自然があるなあと実感できるまで、数年はかかるというわけ。まあ当然ですね。

アルテ造園
東京都東村山市美住町 1-4-18 K804　TEL042-392-8674

緑のカーテンの絶大な効果

すだれを掛けました。カーテンも厚手に替え、日よけスクリーンも設置しました。ずいぶん涼しくなったはずです。

でも、もっと涼しくなる術があります。それが「緑のカーテン」です。ぐんぐん伸びるつる性の植物で、窓の周辺をすっぽり木陰にしようというアイディア。窓の外に日だまりがあると、そこからの放射が窓の表面を温め、室温が上がります。そこで、窓の外に日かげを大きくとるのです。葉が織り

近所のレストラン。
ここ数年、緑の
カーテンで快適。
収穫した
ゴーヤが
おかずに
出る
ことも。
今年は
すだれも併用するとか。

なす天然カーテンといえるでしょう。

人が汗をかくように、植物も自分自身がひからびないために、土から水分を吸い上げ、葉から多くの水分を出しています。日差しを遮って風を通す効果はすだれと同じですが、植物でしか得られない涼しさの秘密が、この蒸散作用です。蒸散するときに葉の周辺の温度が冷やされます。その結果、周辺の温度が下がり、窓の表面の温度も下がり、体感温度も下がるというわけ。

東京で開催されたフォーラム「緑のカーテンで夏を乗り切ろう」で、「緑風の家」を企画コーディネイトした甲斐さんが緑のカーテンの実力を披露してくださいました。すだれの後ろから500 Wのライトをあてて表面温度を測ると40℃。ここに霧吹きで水をシュッシュとかけてみると、その瞬間、一気に23℃まで下がるではありませんか。水って、本当にすごい。

涼しくするためには霧吹きを手放さず、すだれを一日中シュッシュし続ければいいのですが、現実には無理。そこで、緑のカーテン！ 効果を知ったら、植物を育てずにはいられません。

今年は間に合わないという方は、ミストシャワーを利用するのも一案です。ガーデニングでは自動水やり器として使われ、DIYのお店で約5000円で入手可能。すだれ＋ミストシャワー、やってみてください。

初心者はゴーヤ

「NPO法人緑のカーテン応援団」は、講習会などを通じて緑のカーテンの魅力を伝え、広めています。東日本大震災後には「仮設住宅×緑のカーテン」プロジェクトを起ち上げ、「被災地の仮設住宅に緑のカーテンを」と活動しています。

応援団が初心者におすすめするのはゴーヤ。プランターで育てやすく、失敗が少ないのが魅力です。準備するものと育

て方を紹介しましょう。

①土　育てる植物に適した土を用意しよう。土が命。ゴーヤの場合、野菜用の培養土８：腐葉土２。これに、化成肥料と苦土石灰をパラパラ。中性～アルカリ性を好むので、卵、カキ、アサリ、シジミなどの殻を砕いて土に混ぜてもOK。

②苗　双葉がついているものが元気。

③プランター　最低サイズは長さ70㎝、奥行き30㎝、深さ30㎝。これに土を32ℓ入れ、２本の苗を約30㎝間隔に植える。

④10㎝の升目のネット　苗が小さいときは、ツルをネットに軽く結ぶ。本葉が数枚になったら、真ん中のツル(親ヅル)の先端をカットする(子ヅル、孫ヅルを伸ばす)。

⑤肥料　追肥のタイミングは１番果をつけるころ。以後、一カ月に一度、ゴーヤ用の窒素が多めの肥料を根から遠い土にパラパラと入れる。

このほか、花を楽しむならジャスミン、アサガオ、ヒルガオ、食べる楽しみを求めるならホップ(実を天ぷらに)、ヘチマ、ブドウ、パッションフルーツなどが、よいでしょう。

NPO法人緑のカーテン応援団
東京都板橋区東坂下2-8-1　タニタハウジングウエア内
TEL03-3968-1455　http://www.midorinoka-ten.com/

29

きっかけはこんなことだって。
はい おすそわけのゴーヤ。
わー ありがとう。
来年は 私も やってみるね。

広げよう緑のカーテン

クーラーを使わず、窓を開けて涼しい風を期待したら、お隣の室外機から出る熱風が入ってきた経験ありませんか。しかたなく窓を閉めてクーラーをつけるしかないなんて、がっかりです。

みんながクーラーを使わなくなれば、どんなにいいか。そのためには、みんなが緑のカーテンをつくればいい。みんなが緑のカーテンをつくるためには、まず、私がやる。

みんなが「私がやる」と思うことで、まちの緑が増えていきます。涼しげな緑のカーテンを見た人が、「いいな、いいな。来年は私もやろう」となるのです。

ここに住むみんなのための緑と風。

緑をつなげ、まち全体を涼しくする

涼しくするためには、家の北側にも南側にも木が必要です。でも、都会の過密な住宅事情では、簡単ではありません。

そこで、お隣の南側の木を拝借して、うちの北側の木になってもらいましょう。もちろん、うちの南側の木は、反対のお隣の北側の木として利用してもらいます。ブロック塀などなければいいですね。

それぞれの家が木々でつながって、風通しのいい家が数珠つなぎ。まち全体が、風の通る、心地よい環境になっていきます（東京都公園協会の「まちなか緑化活動支援事業」のホームページ http://machinaka.tokyo-park.or.jp/machinaka/about.html も参照してください）。

夏用の肌着をちゃんと着る

暑くなると、とにかく「薄着になろう」「一枚でも減らしたい」と考えていませんか？　たしかに、裸に近いほうが涼しいように思いがちです。でも、ワコールの福岡智亜紀《ちあき》さんは、「逆をおすすめします」と言います。

「涼しく過ごすためには、機能性の高い肌着をアウターの下に着用するほうが快適です。汗をよく吸い、すぐ乾く肌着を一枚着ることで、汗でアウターが肌にくっつくことを防ぎ、

男性の皆様ー。ワイシャツの下に
肌着を一枚着るのは大事ですよ。
かっこ悪くなんかありません。
むしろ涼しげでかっこいい男。

からだのまわりに空気の層（空隙《くうげき》という）をつくります。この結果、暑い外気に肌が直接あたらないので暑さがやわらげられるうえ、隙間で空気が循環し、涼しさが感じられます」

さらに、夏用肌着の素材には、接触冷感素材といわれる感覚的にひんやり感じる素材が登場しました。

「冬の肌着とは逆に、襟ぐりが大きく開いて、袖ぐりがつまっていない、空気を外に出すようなデザインであることも大事です」

ワコールからは、女性用には、キャミソール〈スゴ衣 薄軽《スゴスゴ》爽《スゴ》NUDY〉*や、綿100％でネーミングも涼しげな肌着〈冷《ひ》やし爽綿《ソウメン》〉*などの、接触冷感素材を使った商品が発売されています。通気性がよいうえに、汗をよく吸い、すぐ乾く男性用肌着も、メンズワコール〈BROS〉*として発売されています。

福岡智亜紀さん
ワコール広報・宣伝部勤務。商品PRを担当。
商品の詳細や購入はワコール直営店・販売店で。

お洒落なステテコ

ステテコって、知っていますか？　ちぢみ織で、生地に凸凹のあるクレープ素材の、見るからに涼しそうな男性用下着（スボン下）。お風呂上がりのおじいちゃんの定番スタイルでした。

いま、このステテコが見直されています。丈が膝下まであるので、汗をかきやすい膝の後ろをカバーし、肌にまとわりつく不快感を軽くしてくれるからです。女性用の涼しい部屋

うちわが合う!
この長さがポイント。
時代はめぐり
ついに来た 最先端スタイル。

着としてのステテコもありますが、まずは従来どおり男性におすすめします。

多くの男性は、「重ね着しないほうが涼しい」と思いがちのようです。でも、汗を吸って乾かし、肌をさらっとさせる下着を一枚着るほうが、蒸し暑さはやわらぎます。ステテコは、そんな「涼しくなるためによけいに着る一枚」としてのナンバーワンアイテムです。

おじいちゃんのステテコでもよいのですが、あのデザインはちょっと……という方は、ワコールから発売されている「冷やテコ」*はいかがですか。

水や汗をよく吸って、すぐ乾き、ふれるとひんやりと感じます。しかも、デザインのお洒落さで、このまま部屋着としてもOK。ステテコデビューにぴったりかもしれません。

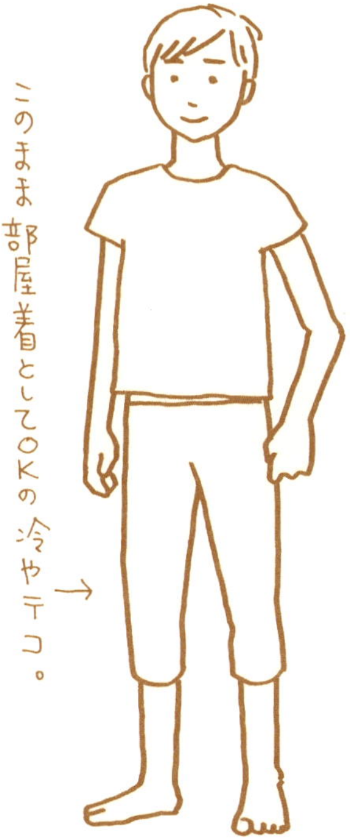
このまま部屋着としてOKの冷やテコ。

暑さ対策には白い服！

紫外線対策には黒という情報が浸透しているからでしょうか。夏はアウターも日傘も黒という人を見かけます。でも、黒は紫外線防御能力は高いけれど、熱を吸収して暑さを感じる色です。

「黒やダークカラーは、白に比べて倍以上も太陽熱を吸収することがわかっています。白が一番熱線吸収が低く、黄色、青、グレーと続きます」（ワコールの福岡さん）

さらに、UPF（紫外線保護指数）を最高値の＋50までに高め、気になる黄ばみやブラジャーの透けも解決した、白いTシャツ〈スゴT〉*が発売されました。スーツスタイルにも合う白いTシャツで、涼しく過ごしませんか。

さっそうと歩く白いシャツの人。
見た目もスキッと。

昼間と寝るときは裸足、夜は靴下

暑い日の裸足って気持ちいい。炎天下で熱された砂浜を「アツッッツッ」と飛ぶように歩くのも、また楽し。昼間の地表や室内の床の温度は高いので、裸足が吉。

だけど、一転して夜は凶に。冷たい空気は下へ下へと流れるので、地表も床も温度が低くなっています。冷やすと熱が出にくくなり、かえって涼しいからだになれません。夜の浜辺散歩にはビーチサンダル、室内では靴下を履きましょう。ただし、寝るときは再び裸足に。布団に入ると冷えることなく体温をうまく維持できるので、裸足のほうがゆったりとからだを解放して、よく眠れます。

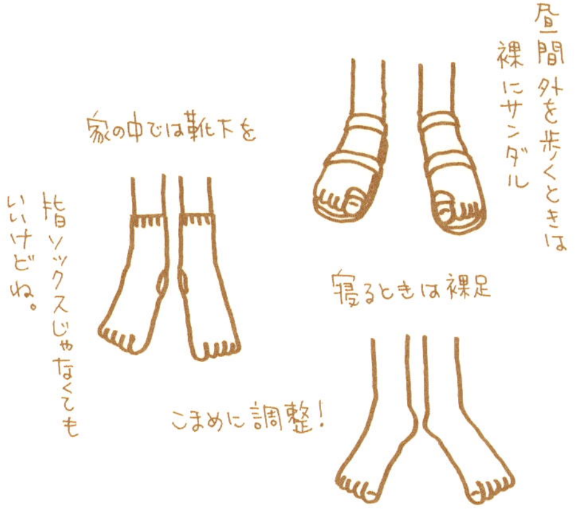

スカートをはこう

女子の皆さんはだいたい気がついていると思いますが、夏はパンツスタイルよりスカートのほうがだんぜん涼しいです。それも、厚地デニムのスカートやタイトなスカートより、長めでもギャザーたっぷりの薄い綿のスカートの涼しさといったら、本当に間違いなし。

この快適さを女子だけのものにするのは申し訳ないような気がしていたら、最近はファッションとして男性もはくらしいと聞きました。夏はスカート、いかがですか。

タイパンツをはく

ゆるいズボンは涼しく感じます。布がほどよく肌にふれるし、広がった裾からたくさん入る空気が動くからです。

そこで注目すべきは、タイパンツ*。タイ伝統のズボンで、幅の広い布を自在に巻いてひもで結ぶ、リラックスウエアです。某CMではサッカー選手のベッカムもはいていたし、最近はかっこよく着こなしている男子も見かけるようになりました。

丈はくるぶしより上で、風がよく入る短めがおすすめ。麻、絹、綿、綿麻混合など素材はいろいろです。アジアンテイストの衣料品店では2000円前後から買え、タイパンツ専門の通販ショップもあります。

力士もはけそうなだぶだぶパンツのような形。
前に引っぱってから、からだに巻きつけて、
後ろのひもで結びます。
足さばきもよくて涼しい!

素材は麻

「夏を涼しく過ごす衣服選びでもっとも大切なのは何ですか？」と、文化学園大学教授の田村照子先生に尋ねました。

「それは、衣服の中の空気を動かすことです。皮膚と衣服の間に空気がすーっと入って熱をとり去り、汗を蒸発させるような素材とデザインを選びましょう」

素材は、なんてったって麻。肌にまとわりつく感じのない麻は、綿や絹に比べるとザックリと着られます。

「からだにくっつかず、空気が動くのが、麻のいいところですね」

大判スカーフをふわっとはおるほうが
むしろ涼しい。

まず、熱の移動の起こりやすさを示す熱伝導率が高いので、暑さがこもりません。そして、水分率が12%と、綿の8.5%や絹の11%より高いので、吸湿・吸水性にもすぐれています。湿度の高い日本の夏で、古くから使われてきたことを思うと、先人の知恵はさすがです。

素材に無頓着で、麻も綿も絹も違いがよくわからないという方は、布を広げて「ふーっ」と息を吹いてみましょう。布の向こうに息が抜ければ、通気性よしの涼しい素材です。やってみると、ガーゼや手ぬぐいも夏にふさわしいことがわかります。

田村先生には、夏の愛用アイテムもうかがいました。

ひとつは、能登上布《じょうふ》(麻織物の高級品)でつくられた気軽に重ね着できる上着。「これを着るほうが涼しくて、手放せない」そうです。

もうひとつは、シルク100%の大判スカーフ。

「いつもバッグに入れています。頭から肩まですっぽり覆って日差しをよけられるし、パーティではフワッと巻くと涼しげで華やか。暑くても、楽しくおしゃれをしましょうね」

田村照子先生

医学博士。文化学園大学教授。放送大学「着ごこちの追究」「アジアの風土と服飾文化」担当。服装の快適性・機能性を生理学や人間工学から研究。

風が抜ける、かわいい小袖

田村先生、どんなデザインがいいでしょうか？

「開口部が上と下にあって、上下に長い服が涼しいです。煙突効果というのですが、下から入った空気が体温に温められて、上昇気流で自然に上から抜けます」

上下に長いといえば着物です。「とくにおすすめは桃山時代の小袖ね」

当時の小袖は、おはしょり（腰のところの折り返し）をつくらずに着て、帯は細く5～10㎝程度。身幅がゆったりしていたので、裾から、たもとから、襟ぐりから、風が抜けます。小袖、かわいい！

田村先生デザインの現代版小袖を、ぜひ売り出してください！

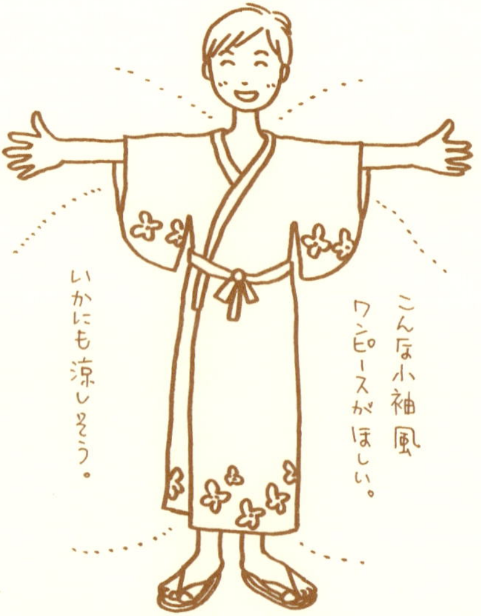
いかにも涼しそう。
こんな小袖風ワンピースがほしい。

表が白、裏が黒の日傘をさす

屋外では、紫外線や赤外線が熱エネルギーになって暑さを感じます。これらを受けないようにするのは、日焼け対策だけではなく、涼しさを得るためにも大切です。

頭は暑がり、汗っかきなので、直接かぶる帽子より日傘が効果的。同時に、色選びが重要です。黒い布は熱を吸収するから、からだに熱が届きにくい。一方、白い布は熱を反射するけれど、布の下へ透過するので、からだに熱が届いてしまいます。

田村先生の編著書『衣環境の科学』(建帛社)に、興味深い実験結果がありました。表が白、裏が黒の日傘の頭にあたる放射熱量は、その逆に比べて、なんと３分の１以下なんです！

足元もクールビズ

今年は「スーパークールビズ」ですが、靴についてはふれられていません。そこで田村先生の提案。

「問題は足元です。外出先からオフィスに戻ったら、靴と靴下を脱いで、足を洗いましょう。洗えなければ、せめて拭き、靴下は履き替えてください」

足はからだのなかでもっとも暑くなります。たとえば気温34℃のとき、足の裏は37℃になることも。夏用のビジネスシューズは、ひもや留め具のない、履き口が広いシンプルなものにしましょう。軽いし、見た目に涼しげです。アウトソール（靴底）に穴を開けて湿気を逃すように開発された「涼風爽快」*もあります。

靴下は綿。靴を履くときは必ず履いて、汗を吸ってもらいましょう。履き替え用を持って出るのを忘れずに。

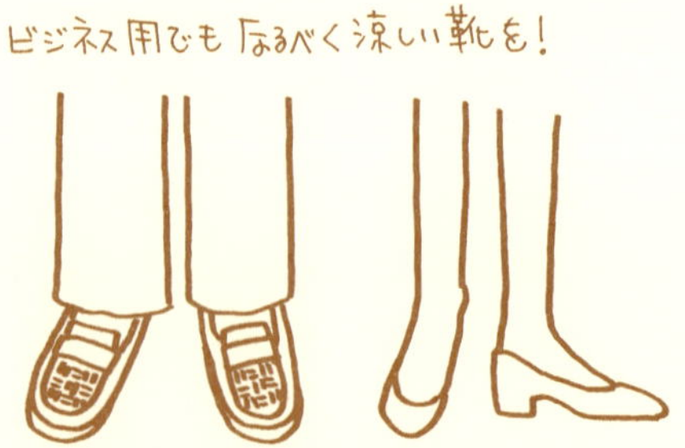
ビジネス用でもなるべく涼しい靴を!
履き口広くシンプルデザイン。
可能なら素材も涼しげに。メッシュなども。

同じ下駄でも桐の下駄

小袖ファッションなら、足下は下駄にしたいもの。ひと口に下駄といってもさまざまな種類がありますが、涼しさで選ぶなら、桐の下駄です。

下駄は歯の高さの分だけ地表から足が離れます。桐は熱伝導率が低いため、道路からの熱を受けにくいというわけ。また、軽いうえに吸湿・吸水性が高く、履き心地がさらっとしています。洋服のときも試してみませんか。

和服じゃなくても合います。

パジャマの生地と形に気をつける

さらっとした肌ざわりで、洗濯しても早く乾く、丈夫な素材を選びたいもの。服選びの駆け込み寺的存在「ミディネット」の米田三輪子さんのおすすめは綿。なかでも、全体に凹凸のあるサッカー地、赤ちゃんの肌着にもなるガーゼ、縦方向に筋のようなしぼりがある楊柳《ようりゅう》クレープです。

「形も重要。首のまわりがあいていると涼しいですよ。襟なしタイプで、手首と足首はゆったりしたものを。少し大きめのサイズを選んでもいいでしょう」

裸では汗を吸うものがないし、お腹も冷えてしまいます。お気に入りの涼しいパジャマで、快眠をゲット！

子ども用の甚平に
サッカー生地が
よく使われてます。

ミディネット　http://www2.odn.ne.jp/midinette/
TEL03-5701-1720

寝苦しさを和らげる布団の選び方

大昔から、高温多湿の日本では、麻の寝具が愛用されていました。掛け布団カバーやシーツなど、直接肌にふれる寝具選びのポイントは、肌ざわり、吸湿性、通気性などです。

そうなると、やはり麻が一番のおすすめ。肌に密着せず、通気性にすぐれ、汗を吸っても、すぐ乾きます。手入れがむずかしいと思われていますが、家庭で手軽に洗濯できる製品もあるし、耐久性があるのも魅力。

ゴワゴワした肌ざわりが苦手な方や肌が弱い方は、綿やシルクのガーゼ素材もおすすめです。竹マット(60ページ)など、肌に寝具がくっつかない工夫も加えれば万全でしょう。

布団を敷いたら、扇風機を風がからだに直接あたらない位置に置いて、タイマーをセット。一応うちわも枕元にね。

竹のマットで快眠を

　グラスに敷くコースターも座布団も、夏は竹の素材に替わります。だったら、敷布団も竹がいいのでは。１日の３分の１～４分の１は布団の上で過ごすのですから、寝具こそ涼しくあれ！

「竹は熱を伝えやすいので、からだの熱を吸収してくれます」と、竹の涼しさの秘密を教えてくださったのは、竹製品の老舗「竹虎」の四代目社長・山岸義浩さん。つぎつぎと新しい竹製品を作り出しています。竹の表皮を使った「国産天然竹の快眠マット」*は、ご自身も愛用中。

布団の上に竹マットをのせて。

　「肌ざわりはヒンヤリ。熱がこもらないので、蒸し暑く寝苦しい夜も、心地よい清涼感に包まれますよ」

竹虎（山岸竹材店）
高知県須崎市安和 913-1
TEL0889-42-3201　http://www.taketora.co.jp/

このように抱いて
使いますが
下になってるこの腕
痛くなるという報告
もあります。
工夫が必要。
これはなかなかよさそう →
竹の中に風を送ると
涼しいはず。

韓国式抱き枕

韓国旅行中、一緒に行った友人が「これはいい！」と感激してお土産に買ったのが、韓国式抱き枕「竹夫人《チュクブイン》」。「ちょっと、それって」と思うネーミングですが、なかなかスグレモノでした。竹で編んだ長い円筒形。暑い夜の寝苦しさの大きな原因のベタベタした肌と肌がくっつく不快感を、解消するのです。抱くだけではなく、膝の下に置けば、布団と足の間に隙間ができて、これまた快適。竹自体のひんやりした触感も魅力的です。

熱がこもらない真珠枕

布団を替えるように、枕も夏用に替えましょう。中国で夏といえば「真珠枕」です。そば殻枕のように真珠がざくざく入ったタイプや、頭が直接触れる部分に真珠を敷き詰めたタイプがあります。

海の深いところで生まれる真珠は冷たい宝石で、頭をのせると心地よく感じます。冷たいものにふれると、からだの熱が冷たいほうに伝わって涼しくなるという原理です。球状であることも利点。くっつけて並べても、丸い粒は必ず隙間が生まれます。この隙間のおかげで、熱がこもりません。

もっとも、日本ではネットショップで 10 万円を超える価格なので、手軽ではありません。要は、頭が枕に密着せず、隙間をつくればOK。たとえば、竹や、車の運転席に敷く木玉が並んだシートのようなイメージです。

ヴィーナスの夢が
見られるかしら。

毎日したい昼寝

「夏のお昼寝、推奨しますよ。南国にシエスタがあるように、暑い時期には必要です」と、吉祥寺中医クリニック院長の長瀬眞彦先生。暑さで消耗する体力回復と、なかなか寝つけない熱帯夜の睡眠補充に役立ちます。

昼食後すぐより、午後2～3時に。すっきりできる時間は個人差がありますが、5～10分から、長くて60分までが効果的。扇風機は部屋の空気を循環させるためにつけ、からだに風が直接あたらないようにしましょう。

「毛穴が開いて熱を出すという、からだが本来もつ働きが弱って、暑くても汗がかけなくなったり、老廃物が出ない質の悪い汗しかかけなくなるからです」

長瀬眞彦先生
吉祥寺中医クリニック院長。東洋医学・中医専門医。
東京都武蔵野市吉祥寺本町1-13-6古谷ビル5階
TEL0422-20-4110

蚊帳《かや》を吊る

窓を開けて寝れば涼しい夜。でも最近は、網戸のない家が増えていて、虫が入ってきたり不用心だから窓を開けられないという場合もあります。

網戸をつけられないのであれば、蚊帳を吊ってみてはどうでしょう。昔ながらの蚊帳は麻で織られています。麻は吸湿性があって湿度を低くするので、蚊帳の中は涼しく感じられるわけです。

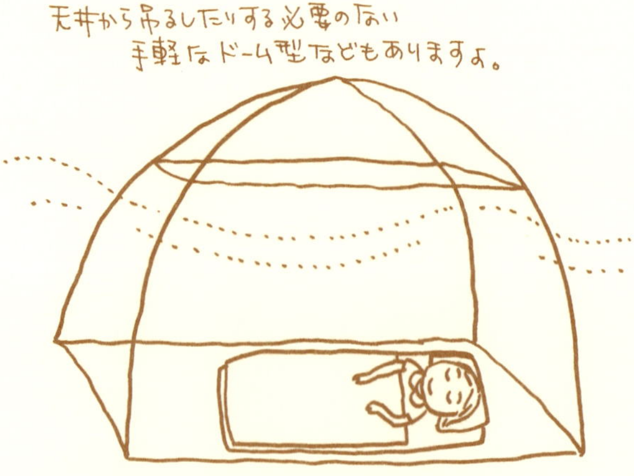
天井から吊るしたりする必要のない
手軽なドーム型などもありますよ。

参考　蚊帳の博物館（静岡県磐田市）のホームページ
http://www.kaya-museum.com/（「蚊帳ってなあにQ&A」）

寝る前に 38 ～ 42℃の足湯

お休み前の足湯もおすすめ。足の毛細血管の熱を外に出しやすくしてくれるからです。じわっと汗をかくけれど、あとからすーっと涼しくなります。お湯の温度は 38 ～ 42℃で、時間は 15 ～ 20 分。くるぶしの少し上まで浸かるようにしてください。

加熱機能やマッサージ機能のついたフットバス、フットスパなどの商品もあります。でも、洗面器やバケツにお湯を入れるだけで十分です。

50

すっきりアロマバス

汗をかくたびにシャワーを浴びるのももちろんいいですが、暑さに疲れたからだを癒し、心身ともにすっきりと涼しくなるためには、やはりお風呂に入りたいですね。その際、湯船にアロマオイルをたらせば、香りの効果でさらにすっきり。アロマオイルは「オイル」といってはいるけれど、油分は入っていないので、油膜がからだにベタベタつく心配はありません。

東洋医学の考え方をもとに、アロマオイルを使ったリンパマッサージを行っている「ホリスティックサロン　リリー」の小田島彩《さや》子《こ》さんに、おすすめを聞きました。

「リラックス効果のあるゼラニウムとラベンダーをそれぞれ２滴、清涼感があるローズマリーかペパーミントのどちらかを１滴です」

これで、殺菌作用と解熱作用を兼ね備えた、夏のアロマバスが完成です。からだに直接アロマオイルの原液がふれないように、お湯はよくかきまぜてください。

ひとつかみの自然塩にアロマオイルをたらしてからお湯に入れると、溶けやすくなるし、塩が発汗を促してくれます。ちょっとぜいたくかな。

気分としては、こんな感じ。 優雅に リラックス♡

小田島彩子さん
セラピスト。ホリスティックサロン リリー
東京都目黒区東山 1-3-3 アルス中目黒 2 階
TEL03-3713-0033　http://www.lily2006.com/

打ち水をする

水が蒸発するときに周囲の熱を奪って気温が下がる現象（気化熱）を利用した、暮らしの知恵です。ここで理科のお勉強を少し。水１ｇの蒸発時に奪われる熱量は約0.58kcal。だから、１ℓの水を打つと580kcal分涼しくなるという計算です。

地表が熱くなる前の朝９時までに、家の周囲の日なたに。一人ではなく、隣近所が「せーの」で一緒にやるほうが、効果は上がります。

形から入るなら、ひしゃくは必需品。お風呂の残り湯や雨水を使いましょう。

電気掃除機より、ほうき

いつもお世話になっている掃除機さんには、夏は休んでもらいましょう。ブーンという音の電化製品は、動かすだけで暑く感じるからです。実際、排気される空気は生温かいと思いませんか。

掃除には、ほうきが大活躍。朝、気温が上がる前に、窓を開けて座敷ぼうきを手に持って、サッサッと掃けば、熱い空気も一緒に掃き出せそうです。

畳やフローリングだけでなく、じゅうたんに使えるほうきもあります。国産の自然素材を使った、ほうき*がいいな。

サッと出してきて、
サッサッと。
慣れると、
ほうきのほうが手軽。

江戸箒　白木屋傳兵衛（創業天保元年 =1830 年）
東京都中央区京橋 3-9-8　白伝ビル 1F　TEL0120-375389

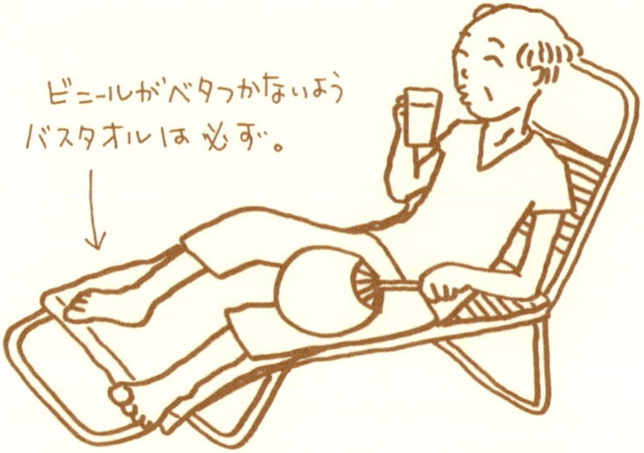
ビニールがベタつかないよう
バスタオルは必ず。

知ってますか？ ボンボンベッド

「ボンボンベッド」と聞いて、「わあ懐かしい」と思うあなたは関西人。「何だ、それ？」と笑うあなたは、関西に縁もゆかりもない人ですね。

路地裏の長屋に並ぶボンボンベッドは、関西の夏のノスタルジー。家の前で広げ、座ったり寝そべったり。夜風にあたりながら、だらんと過ごすための必須アイテムです。

スチール製のフレームに、塩化ビニール樹脂のシートが張られ、1959年に「ボンボンドリームベッド」の商品名で発売されました。座るとボンボンと跳ね返る感じからの名前と思われがちですが、実はフランス語の「bon(よい)」の意味。オチ好きの大阪生まれ、夕涼みに使ってほしい「宵」、酔っぱらいさんも使ってねの「酔」のひっかけも、あったかも。

ニャンコ としては、
ボンボンベッドより
縁台の下のほうが
涼しいかにゃー。

縁台はすぐれた夕涼みグッズ

ところ変わって、ボンボンベッドを知らない東京。路地裏の長屋には縁台が並びました。杉や檜など自然の素材で、俳句では夏の季語。縁側のない家の即席縁側ともいえる存在で、江戸時代に普及しました。姿勢正しく座って将棋をさすのにぴったりです。

ただし、重くて持ち運びは不便。ボンボンベッドは座ると不安定なので将棋には不向きですが、ラクラク移動。コンパクト収納という点では、ボンボンベッドに軍配が。おっと、東西比較はダメです。ムキになって暑くなるだけですから。

散歩、ランニング、ラジオ体操

「いまは皆さん低体温です。1960 年ごろの暮らしに衣食住すべてが戻ると、体温が上がって、暑さを感じにくいからだになります」と真弓定夫先生。ちなみに、現在の平均体温は 36.2 度ですが、1960 年ごろは 36.8 ～ 9 度でした。

真弓先生は 80 歳とは思えないほどお肌がつやつやです。「噛む（食事）運動、手・足を動かす運動も大切です」と語る先生の日課は散歩。

「人は昔、野外で生き、野山を駆け回っていたでしょ」

よしっ、運動して、体温を上げて、暑さを感じにくいからだになるぞ！ 散歩に加えて、ランニングやラジオ体操も体温を上げます。

ただし、決して無理はしないこと。自分が気持ちいいと思う感覚を大切にして、からだを動かしてください。

早起きして散歩。
マイボトル持参。
おむすびも持って出て、
公園で朝ご飯もいいかも。

上半身の行水と冷水まさつ

「頭寒足熱が基本です。上半身は温めてはいけない、下半身は冷やしてはいけないという、古くからある健康法で、その境界線は横隔膜なんですよ」と真弓先生。

行水は、この考えを取り入れた涼しくなれる夏の風物詩です。横隔膜より上をめがけて、たらいに張った水をザブッザブッとかけましょう。時代劇のシーンのように、昔は着物の上半身だけ脱いで浴びていました。

水に濡らして固く絞ったタオルで上半身を拭く冷水まさつも効果的。うちわや扇子で仰ぐときも、上半身に風を当てましょう。冷やすのは上半身です。

真弓定夫　医学博士。『自然流育児のすすめ』(地湧社)など著書多数。薬を出さず、注射をしないことで知られる真弓小児科医院は、東京都武蔵野市吉祥寺本町 1-13-3 吉祥寺医療ビル TEL0422-21-3870

ぬるめのお風呂に長めに入る

自律神経には、活動しているときに働く交感神経と、リラックスしているときに働く副交感神経があります。

「夏は、副交感神経の働きが活発です。38℃くらいのぬるいお風呂に10～20分浸かると、その働きが後押しされる効果があります」と長瀬先生。お風呂でゆったり、Let'sリラックス！　心を静かに、涼しくなりましょう。

ただし、冷え性だったり、オフィスのクーラーで冷えている人は、少し熱めの40℃くらいがおすすめ。首の後ろに少し熱めのシャワーをかけると、冷えがとれて、からだのバランスがよくなります。肩こりにも効きそうです。

スーパー銭湯の露天風呂

たまにはのんびり温泉へ行きたいな。でも、行けない。そんなとき、思い立ったらすぐに小銭で行ける銭湯は、うれしく頼もしい存在。夏は露天風呂に入りたくなります。そこで、露天風呂がついたスーパー銭湯へ。

ふつうの銭湯より規模が大きくて、料金は800円くらい。比較的空いている平日の夕暮れ時が、ねらいめです。暮れゆく空を眺めつつ、広い湯船に浸かれば、思わずハミング、♪ア、ハハン。

湯船から出たらベンチで一服。裸のからだを涼しい風がやさしくなでてくれます。

59

夏祭りや盆踊りに出かける

子どものころ正々堂々できた夜のお出かけは、夏祭りや盆踊り。もっぱら野外のイベントでした。「はい、たもとを持ってて。くるっと回って」と、おばあちゃんに着せてもらった慣れないゆかた。動作がぎこちなくなって、しずしずとゆっくり歩きに。だから、夜の風の涼しさに気づいたり、星空を見上げて夏の星座を見つけたりできたのでしょう。

時は流れて、おとなになってからの夜のお出かけ先はというと、居酒屋やコンビニなどクーラーがある場所ばかり。入店時は涼しくても、しだいに冷えてきて、店を出た瞬間ムッと暑く感じます。結果的に涼しいお出かけじゃなくなっていました。大いに反省。

今年は、ゆかたで夏祭りや盆踊りに出かけて、オープンエアの立ち飲み処へ寄り道で決まり。

お祭りは楽しい！
楽しくて
笑っているとき
暑苦しさは
感じません。
祭

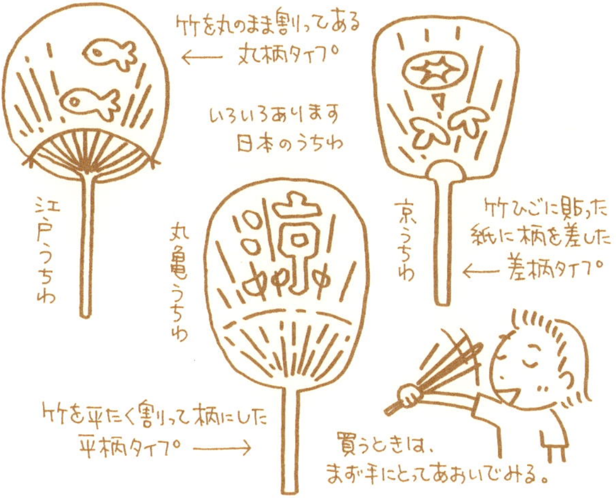
竹を丸のまま割ってある
← 丸柄タイプ
いろいろあります
日本のうちわ
江戸うちわ
丸亀うちわ
京うちわ
竹ひごに貼った
紙に柄を差した
← 差柄タイプ
竹を平たく割って柄にした
平柄タイプ →
買うときは、
まず手にとってあおいでみる。

うちわ大活躍

イベントなどで宣伝用のうちわを配られることがありますが、そういうタダでもらえるものと比べると、お金を出して買う「本物のうちわ」は、だんぜん涼しさが違います。竹の骨がしっかりしたうちわは、軽くあおいでも強い風をつくるからです。しかも、簡単には壊れません。

何個か用意して家の中のあちこちに置いておくと便利。全国各地に伝統的なうちわがあるので、いろいろ集めてみても楽しいかもしれません。

61

いい感じでのっかってくれてます。
ふぃーーっ
仕事の合間のちょっとした「ひと休み」のときに。

氷嚢《ひょうのう》を頭にのせる

運動後の筋肉疲労を軽くするために持っていた氷嚢が、暑い夏に大活躍しました。巾着型の袋にスクリューつきのふたがついていて、中に氷や水を入れて使います。巾着型なので安定性がよく、頭にのせてもずり落ちにくいのが便利。

内側にコーティング加工がされた、水分が外にしみてこない素材なので、肌にふれる部分がビチャビチャしません。濡らして冷やすタイプの「ひんやり商品」の濡れたような肌ざわりがあまり好きでない方にも、おすすめです。

氷を口の中に入れる

小学生だったころ、夏の暑い日の日課は「氷を口に入れる」。家庭用の製氷器でできる角形をひとつです。この氷を口に入れて畳の上でゴロゴロする昼下がりは、幸せな時間でした。口の中が冷たくなると、頭まですっとして、本当にいっとき涼しくなるのです。

ただひとつ、私の失敗談からご忠告。大きな氷を口に入れたままゴロゴロして、氷をのどにつまらせないように！

氷を口に入れ寝ころがって
マンガ読む。
ガリッ
ガリッ
夏の至福の時。
よい子はまねしないッ!
畳のあとが足につく。

暑気あたりと夏バテに効くツボ

からだがバテると、暑さをよけいに感じます。「ホリスティックサロン　リリー」の小田島さんに、自分で手軽にできる、暑気払いと夏バテ対策のツボ押しポイントをいくつか教えていただきました。

「暑気あたりは、暑さでのぼせ上がった状態。夏バテは、室内外の気温差によって自律神経のバランスが崩れた状態で、全身の倦怠感と食欲不振が代表的な症状です」

教えていただいたツボは、すべて自分で押せます。仕事の合間や、ちょっと一息入れたときに手軽に押すだけで、からだのバランスが少しずつ整うでしょう。何も考えずにひたすらツボを押していると、リラックスしてきて、とてもいい気持ちに。好きな音楽でも聴きながら、のんびりツボ押し、してみませんか。

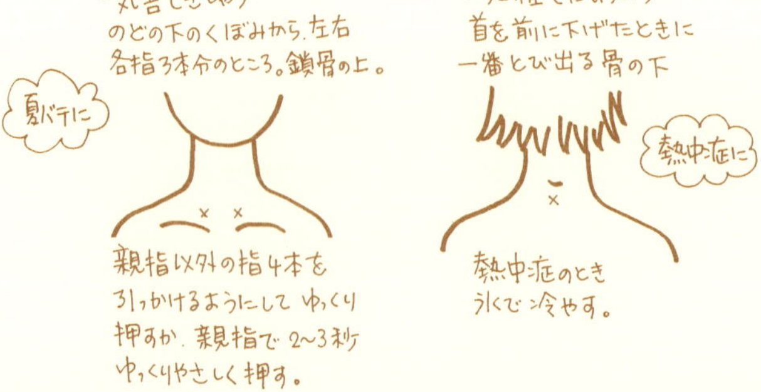
•気舎（きしゃ）
のどの下のくぼみから、左右
各指3本分のところ。鎖骨の上。
夏バテに
親指以外の指4本を
引っかけるようにして ゆっくり
押すか、親指で 2〜3秒
ゆっくりやさしく押す。
•大椎（だいつい）
首を前に下げたときに
一番とび出る骨の下
熱中症に
熱中症のとき
氷で冷やす。

•関衝（かんしょう）
薬指のつめより2-3mm小指側
•中衝（ちゅうしょう）
中指のつめより3mmほど親指側

•労宮（ろうきゅう）
手を握ったとき
中指の先があたるところ

•曲池（きょくち）
ひじを曲げたときに
できるしわの終わり
あたり

熱中症に
暑気あたりに

熱をとる
胃腸不良にも

指ではさんで刺激したり
引っ張ったりします。

息を吐きながら少しずつ力を入れ
痛くなったところで、ひと呼吸おいて
そっと力を抜く。これを10回くらい。

•中脘（ちゅうかん）
おへそとみぞおちのまん中

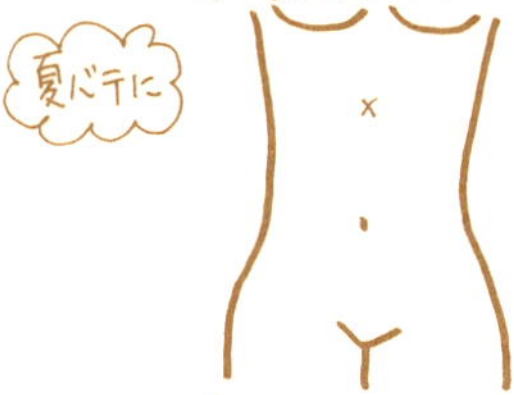
夏バテに

息を吐きながら、ゆっくり
やさしく押して戻す。
3秒押して3秒休む。

•神闕（しんけつ）
おへそ

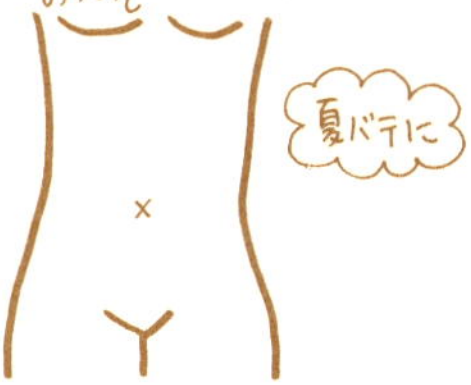
夏バテに

人さし指か両手の指3本を
おへその上へ置き、おなかを
へこませながら息を吐き
やさしく押す。1秒止めて力を
抜く。ゆっくり8回ほどくりかえす。

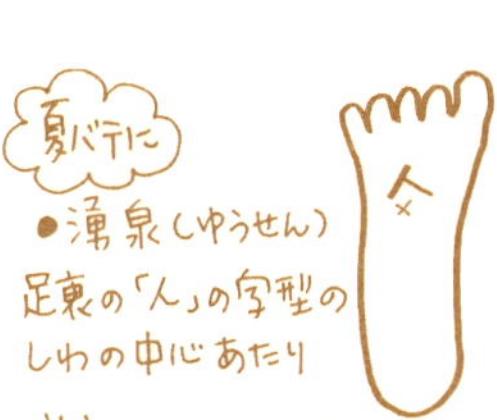
夏バテに

•湧泉（ゆうせん）
足裏の「人」の字型の
しわの中心あたり

片方の膝の上に足をのせ
げんこつの腹でトントンと
強めにたたいたり押したり。
1日100回くらいやる。

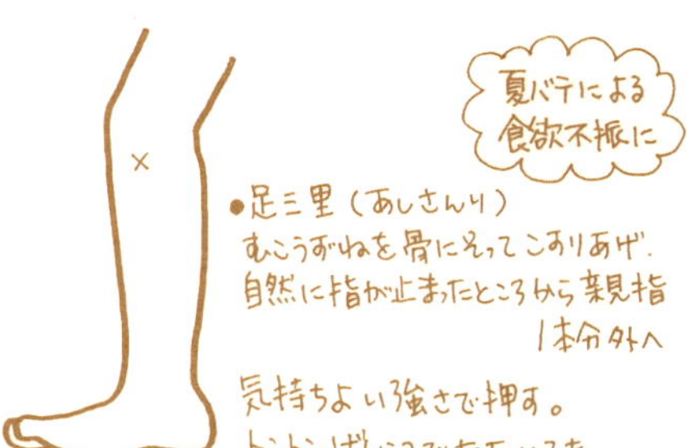
夏バテによる
食欲不振に

•足三里（あしさんり）
むこうずねを骨にそってこすりあげ、
自然に指が止まったところから親指
1本分外へ

気持ちよい強さで押す。
トントンげんこつでたたいても。

64

洗いものは
ちょっとためて
やるほうがいいかも?
いやズボラの言い訳ではなく。

洗いものをする

暑いときは、動けばよけい暑くなるので、たいていの家事が面倒に感じます。でも、洗いものだけは積極的にやる気になるという人が多いようです。なぜなら、冷たい水に手をふれるだけで気持ちいいから。食器を洗うついでに、シンクも磨いちゃったり、ふきんをていねいに手洗いしたりすれば、涼しいわキレイになるわで一石二鳥。

ひんやり商品を試す

吸水ポリマーに水を含ませ、その水分が気化するときの吸熱作用によって涼しくするのが、ひんやり商品。いろんな種類を集めたコーナーを設置している「ロフト」などの全国展開の雑貨店もあるし、ネットショップで「クールスカーフ」などと検索すると出てきます。首に巻くタイプが代表です。

冷たさだけなら、冷凍庫で固めた保冷剤をタオルにくるんであてたほうが勝ち。でも、保冷剤はすぐになまぬるくなるのに対して、こちらは冷たさが持続。濡らしたタオルをあてたような、冷たすぎない心地で、ずっと巻いていられます。

この吸水ポリマー部分を
水に濡らす。
ここを濡らしちゃうとちょっと悲しい。

冷蔵庫に入れるなどの手間がかからず、水道水に濡らすだけというのも手軽。家事やスポーツ観戦のときにいいと思いました。

髪を切る

　きゅっとアップにまとめられるほどのロングヘアならいいのですが、中途半端に首のまわりに髪がまとわりつくような長さが一番暑い。いっそ短く切ってしまいましょう！　切りすぎたって気にしない。どうせ、いつかはまた伸びます。

　いままでショートにしたことがないという人にこそ、おすすめ。洗髪もラクチンで、ほんとうに涼しいいし、自分の新しい魅力を発見できるかもしれません。

パソコン画面を涼しげに

パソコンは夏が苦手です。パソコンのためにクーラーを入れているという人も多いのではないでしょうか。私のパソコンも、暑い日は本体がかなり熱くなってヒーヒー言っているみたい。机との間に隙間をつくって保冷剤を置くと、パソコン自体はがんばってくれるのですが、人間の作業効率が落ちないように、パソコンの姿を涼しげにしておきましょう。デスクトップ画面やスクリーンセーバーを涼しげなものに変えるだけで、ずいぶん違います。

私のパソコンには見るだけで涼しくなる波の写真や森の風景が入っていたので、気分によって変えています。自分だけのお気に入りの涼しげな写真や絵を使うのもいいですね。

68

ルームスプレーをシュッシュ

　涼しい香りのルームスプレーをシュッシュとすると、一瞬ひんやり。香りのさわやかさに、気持ちも軽やかになります。アロマヒーリングサロン「ミルン」の見附《みつけ》真紀《まき》さんに教えていただきました。

「メントールで涼しさを感じさせるペパーミントやハッカがおすすめ。ハッカのほうがメントールの含有率が高めです」

　メントールは実際に体温を下げるわけではありませんが、低温を感じる神経を刺激する作用があるので、涼しく感じられます。

「ルームスプレーは、精製水100ml に対して、10滴くらいたらして使います。精製水は、500ml 入ったボトルが100円以下で薬局で買えますよ。解熱作用のあるグレープフルーツやサイプレス（ヒノキ科）、調整作用のあるゼラニウムなどの香りも、好みでブレンドしてみてください。ただし、グレープフルーツは刺激が強いので、数滴使うようにしてくださいね」

冷蔵庫に入れておいた
お気に入りの香りの
ルームスプレーをシュー。
すーはー すーはー。

見附さんとニャンコ店長ハルさん
暑かったら
床で寝ればいいにゃ

見附真紀さん
アロマセラピスト。
アロマヒーリングサロン ミルン
東京都三鷹市下連雀 4-17-5-401
TEL090-8082-3445　http://aromamilne.com

69

涼しさの記憶を呼び覚ます

「嗅覚は記憶や感情を司る大脳辺縁系に直接伝わるので、香りが記憶のなかの涼しさに結びついていれば、その香りを感じると涼しさも感じます。たとえば、蚊取り線香の香りをかぐと涼しい気がしたりとか、スイカの香りがすると涼しいと感じたりとか。こうした涼しさを呼び覚ます香りを使うという手もありますね」と見附さん。これには納得しました。

私の場合、たしかに蚊取り線香の香りは涼しさを呼び覚まします。子どものころに住んでいた古い木造家屋を吹き抜けた風を感じられるような気がするからです。皆さんの記憶のなかの涼しい香りは、どんなものでしょうか。

朝のBGMから涼しげに

朝一番のBGMは、波の音のCD。砂浜に打ち寄せる波の音が家中に流れます。ざぶーん、ざぶーん。海辺にいるみたいで、ああ涼しい。海に飽きたら、鳥のさえずりのCDはいかが？　今度は森の中にいるみたい。音を聴いて涼しげな風景が浮かびませんか。

もしヘビメタだったら、革ジャンが浮かんで涼しい気持ちになれなさそう。

自然の音が収録されたCDはいろいろな種類があり、ヒーリング音楽コーナーで買えます。

71

リゾート気分のアロマ

見附さんからは、「リゾートにいるように感じられる香りはいかがでしょうか」というアイディアもいただきました。現実には、日本の狭苦しく暑苦しい自分の部屋にいるとしても、「本当は、ここはリゾート地なの。バリなのよ！　プーケットなのよ！　ほほほほ！」と思い込むためのアロマを香らせてしまおう、というのです。

「南国の植物を思わせるイランイランとオレンジの組み合わせで、気分はすっかりバリ。レモングラスとレモンの組み合わせなら、プーケットにいるみたいでしょ」

たしかに、香りを深く吸い込んで目を閉じれば、甘く冷たいカクテルが置かれた籐製のサイドテーブル、バンブーのベッドにしどけなく寝そべる私がヤシの木の間から届く涼しい風に吹かれている……ような気がしてきます！

金魚を飼う

なにしろ、金魚自体が涼しげモチーフです。うちわや浴衣や風鈴の柄にも使われるし、あのくっきりと鮮明な赤い色、ひらひらとした尾びれの流れるライン、水に揺れる流線型。本物を飼えばさぞや涼しかろうと思われます（すみません。実際に飼って確かめてはいないです）。

金魚を飼って、金魚の気持ちになる。きっと涼しい！　はずです。

73

アーユルヴェーダで涼しくなろう

暑いインドで生まれたリラックス法アーユルヴェーダには、涼しくなるヒントがたくさんありそう。そこで、アーユルヴェーダサロン「プリーティ」の井上香《か》津《つ》子《こ》さんに教えていただきました。

アーユルヴェーダは、自然界が空、風、火、水、地の５つから成り立っていて、人間は３つの体質に分けられると考えています。それが「ヴァータ（空と風）」「ピッタ（火と水）」「カパ（水と土）」です。そして、誰でもこの３つの体質をもっているけれど、そのうち１つを比較的強くもっていると考えます。簡単なセルフチェックで、自分の体質を調べてみましょう（「プリーティ」のHPの「アーユルヴェーダとは」に、セルフチェック表があります）。

この３つの体質のうち、もっとも暑さを感じやすく熱に弱いのがピッタ。井上さん自身がこの体質だそうです。

「自分がピッタなので、暑さが辛い気持ちはよくわかります。私はとくに夏の夜に寝苦しさを感じていたのですが、パジャマや下着、それから寝るときのシーツをシルクに替えたら、ずいぶん寝心地がよくなりました。なかでも、シルクのシーツは足にひんやりした感触で、とても気持ちよく、おすすめです」

シルクは吸湿性にすぐれていて、しかもその水分をすばやく放湿するので、常にさらっとした肌ざわり。この心地よさが涼しさを感じさせるようです。

シルクのつるつるが気持ちよくて
手や足をすりすりと…

井上香津子さん
アーユルヴェーダ・セラピスト。
アーユルヴェーダサロン プリーティ
東京都渋谷区神宮前 4-8-17　ラミアール神宮前 101
TEL03-3403-7573　http://www.preeti.jp/

シローピチュで頭すっきり

シローは「頭」、ピチュは「浸す」。シローピチュは、頭をオイルで湿布して、リラックス効果と熱とり効果のあるアーユルヴェーダの施術です。大きめのコットンを２枚重ねにして、アーモンドオイルかヘッドマッサージ用のオイル、あるいは専門店で買えるアーユルヴェーダマッサージ用のピッタオイルをたっぷりと含ませてください。

夏の暑い時期の一番暑い時間に、これを頭頂部にのせて、20 分～１時間おきます。コットンを取ったら、オイルのついた頭を手で軽くマッサージすると、さらにいい気持ち。熱が抜けるそうです。

「インドでは、シローピチュをしながら、足をバナナの葉でくるんで包帯で巻きます。熱がたまった頭と足から熱を抜くわけです。また、『朝露に濡れた芝生を裸足で歩いてごらんなさい』とドクターから言われました。これは足から熱を抜く手軽な方法で、とっても気持ちいいですよ」(井上さん)

音楽でも
聴きながら。
10cm四方くらいのコットン

キャベツをかぶって
キャベツを炒める。

キャベツの葉を頭に？

「バナナの葉で足をくるんだように、植物には熱をとる力があります。私は、暑い夏にキッチンで火を使って料理をするとき、頭にキャベツの葉をのっけました。涼しくなるんですよ、これが。ぜひお試しください」(井上さん)

これは楽しい。一番外側の捨ててしまうようなところを使いましょう。くれぐれも、頭にキャベツをのせていることを忘れて、出かけたりしませんように。

夏のアロマオイルの選び方

アロマオイルはいくつか持っていると便利ですが、専門店に行くと驚くほどたくさんの種類があり、迷います。「ホリスティックサロン　リリー」の小田島さんに、「夏に涼しくなるため」と限定して、簡単な選び方をお聞きしました。

「同じ系統だけだと単調になるので、香りも効能も違うものをバランスよく合わせるのが基本です。清涼感があってすっきりするペパーミントかユーカリ、甘い香りでリラックス効果のあるゼラニウム、ラベンダー、ローズウッドからひとつ、食欲を増進する柑橘系のオレンジかレモン。それぞれ好みで、選んでみてはいかがですか。殺菌効果のあるティートリーかサイプレスを加えてもいいですね」

アロマオイルの冷湿布

小田島さんに簡単な冷湿布のやり方もうかがいました。手足がほてってむくんだり、首から上がすっきりしなくてぼーっとする、などの暑さにやられた症状を感じたら、試してください。

①洗面器に冷たい水（とても暑いときは氷を入れてもよい）を入れ、アロマオイルを数滴たらして溶かし、タオルを浸す。

②アロマオイルをすくうように、冷たい水を含ませたタオルを、しっかり絞る。

③そのタオルで、目頭、額、首の後ろ、脇の下を押さえる。

すーっとして、とても気持ちいい。使うアロマオイルはお好みで。たとえば、ペパーミントにラベンダーかローズウッドを合わせると、清涼感とリラックス効果が得られます。

ただし、ペパーミントは少し強いアロマオイルなので、お肌がとても弱い人は注意して。日に焼けて肌がほてっているようなときは、ラベンダーとティートリーがおすすめです。こちらは、お肌の弱い人でも大丈夫。

からだを冷やす食べもの

「夏に採れる旬の野菜や果物は、ほとんどがからだを冷やしてくれる食べものです。トマト、きゅうり、なす、とうもろこし、スイカ、ゴーヤ(にがうり)などを美味しくいただきましょう」

薬日本堂漢方スクールの漢方セミナーで教わりました。漢方や薬膳では、からだを冷やす涼寒性食物と温める温熱性食物があると考えます。夏は涼寒性食物を選ぶといいわけですが、一つひとつの食べものがどっちなのかを覚えるのは大変。単純に、夏に旬のもの・暑い地方で採れるものが涼寒性、冬に旬のもの・寒い地方で採れるものは温熱性、と覚えていいでしょう。例外もありますが、だいたいは当てはまります。

では、さっそく。今日はとっても暑いので、緑のカーテンで収穫したゴーヤを食べようと思います。まさに夏が旬、暑い沖縄の名産です。献立をたてるときは、どのくらいからだを冷やしてあげたらいいかも考えます。人によって冷やしていい度合いが違うからです。

運動をしてかなりほてっている人は、ゴーヤのしぼり汁をレモン水や野菜ジュースなど飲みものにプラスして飲むと効果的。ほどよく冷やしたいときは、ゴーヤサラダ。冷え性の方なら、生で食べるよりもチャンプルー。

同じ素材でも、食べる人の体調に応じた工夫が健康につながります。また、からだにいいからといっても、摂りすぎは逆効果。節度をもって、マスコミなどの情報に惑わされないようにしてください。

涼寒性食物いろいろ

トマト、きゅうり、なす、とうもろこし、スイカ、ゴーヤ、レタス、セロリ、大根、冬瓜、びわ、メロン、バナナ、豆腐、緑豆、はと麦

涼しくなる美味しいものいろいろ—。

薬日本堂漢方スクール

気軽に参加できるワンディセミナーから、資格を取得できるコースまで、幅広く講座あり。漢方の知恵を学んで漢方ライフスタイルを実践してみよう。「漢方ミュージアム」(東京都港区高輪 3-25-29　TEL03-5420-4193) には、生薬の見本や基礎理論解説の展示もある。

冬瓜《とうがん》の翡翠《ひすい》煮

冬瓜は涼寒性食物の代表的存在。漢字では冬という字を使いますが、夏こそ食べたい、見た目も涼しげなメニューです。

①冬瓜 1/8 個（約 200 g）の種とわたを取り除き、皮を薄くむいて、3 ～ 4 ㎝角に切る。

②塩小さじ 1 を入れた熱湯に①を入れて半透明になるまで下ゆでし、ざるにあげる。

③枝豆 10 さやを塩ゆでにし、さやから出す。

④生姜 1 片を千切りにし、水にさらして水気を切る。

⑤鍋にだし汁 1 カップ、酒大さじ 1、みりん大さじ 1/2、薄口醤油大さじ 1/2、塩小さじ 1/2 を入れて火にかけ、煮立ったら、冬瓜と干しエビ大さじ 1 を入れる。弱火で約 10 分ことこと煮て十分に味をふくませたら、③の枝豆を入れ、冬瓜が柔らかくなるまで煮る。

⑥器に冬瓜を盛り、干しエビとだし汁をかけ、枝豆と生姜を飾る。

緑豆《りょくとう》のおかゆとスープ

緑豆。
鉄分や
食物繊維も
たっぷり。
女性にうれしい。

緑豆（ブンドウ豆とも呼ぶ）は、春雨やもやしの原料として使われています。小豆よりも少し小粒で、名前のとおり緑色。熱冷ましや解毒作用、利尿効果があるので、ほてりや頭がぼーっとする熱に効果的です。

薬膳では、煮詰めて冷やしたスープが暑気払いのメニュー。中国では、この緑豆を入れたおかゆをよく作ります。煮るだけなので、とっても簡単！

◎おかゆ

①緑豆 1/2 カップ、米 1/2 カップ、水 1 ℓ を鍋に入れる。

②約 30 分ことこと弱火で煮る。

③味付けは氷砂糖か塩。お好みで。

◎スープ

①緑豆 1/4 カップと水 3 カップを鍋に入れる。

②半量くらいになるまで弱火で煮詰める。

③砂糖かハチミツで味をつけてもおいしい。

＊豆の量を増やすと、濃く仕上ります。

＊ハトムギを一緒に煮詰めると、利尿効果がさらにアップ。

きゅうりの冷や汁いろいろ

　塩や味噌をつけてまるかじり、たたききゅうり、酢の物、漬け物、炒めても。夏野菜の王様きゅうりはさまざまな食べ方がありますが、ひんやり「冷や汁」はいかがでしょう。全国あちこちに冷や汁あり。いろんな冷や汁に挑戦するのも楽しいです。

冷や汁
(宮崎)
アジ、きゅうり、豆腐を味噌がまとめてー。
きゅうりかき
(新潟)
冷汁《ネング》
(韓国)
酢
お酢の酸味が食欲をそそる──。
きゅうりの恵みを存分に楽しめます──。
どれも、おいしそう！
しかもご飯に合いそう！

まずは、言わずと知れた宮崎県の郷土料理・冷や汁。居酒屋でも、宮崎空港でも、大学の学食でも出会える、宮崎のおふくろの味的存在です。

作り方は簡単。家庭によって違いますが、代表的なのは、焼いてほぐしたアジ、ごま、味噌をすり鉢ですりつぶしながら混ぜて、冷たいだし汁を注ぎます。そこに、塩もみしたきゅうり、水切りした豆腐を加えれば、できあがり。温かいご飯にかけて食べるのがふつうですが、冷やご飯にかけると冷たさ倍増。レトルトの通販もあります。

続いて、新潟県糸《いと》魚《い》川《がわ》市の吉田家のきゅうりかき。大きくなりすぎた通称おばけきゅうりを縦半分に切って、中身をスプーンでかき出します。食卓に並べるのは、このかき出したきゅうりの山盛りと、味噌、氷水。この３つをお椀に入れ、混ぜるだけです。薬味は、しそとみょうが。ご飯にかけて食べても、おいしい！　吉田家には、おじいちゃんが作った、きゅうりかき専用の竹製スプーンがありました。

そして、韓国料理。福岡市の在日２世・金《キム》家の冷汁《ネング》は、いりこでとっただし汁に味噌を溶かして、冷やしておきます。少し濃くしておくのがポイントです。これにきゅうりの千切りを加えて、食べるときにお酢をたらします。好みで、ねぎやごまを散らしたり、わかめを入れたり。済州島出身のオモニの味です。

なすは涼しい

「秋茄子《なす》は嫁に食わすな」には、いくつかの由来があります。そのひとつが「若い女性はからだを冷やしちゃダメよ」という意味。「なすは涼しい」ということの証明でもあります。なすは多くの種類があるので、全国ご当地なす料理も豊富です。

なすのオランダ煮は、金沢（石川県）の郷土料理。伝統的な加賀野菜のへた紫なすを、だし汁、醤油、みりんの甘辛い汁で煮ます。ときには、揚げてから煮ることも。そうめんを入れてもOK。冷たく冷やしていただきます。

熊本県出身の徳冨家の家庭の味は、大長なすの煮物。60～70㎝にもなる大長なすを輪切りにして、好みのだし汁で煮ます。煮崩れしにくいから煮物に重宝。輪切りにしてフライパンで焼き、塩をふって食べるのも美味ですよ。

また、きゅうりとなすの両方が主役の郷土料理が、山形県にあります。その名も「だし」。地域と家庭によって素材はいろいろですが、きゅうり、なす、みょうが、しそ、ねぎなどの夏野菜を、とにかくすべて細かくみじん切り！　切り終えたら、ひたすら混ぜて、醤油をかけます。少しなじませたら、できあがり。オクラを入れると、ネバネバに。冷や奴やご飯にのせたり、そばの具にします。酒の肴にも。やめられない、とまらない。

夏野菜すべてみじんせカリ！
だし（山形）
初めて食べたとき、大感激した味です。

トマトの冷製パスタ

ガブリと丸かじりしたくなるようなトマトで作る冷製パスタをおすすめしてくださったのは、吉祥寺中医クリニックの長瀬先生。トマトはからだを冷やしてくれるだけでなく、ビタミンＡやＣに加えて、生活習慣病の防止に役立つ抗酸化作用が強いリコピンをたくさん含んでいます。炭水化物を素早くエネルギーに変えて代謝を促進させるパスタとの組み合わせは絶妙です。

ゆでたパスタを冷水にとり、水気をよく切ったら、ざくざく切った常温のトマトとボウルで混ぜ合わせるだけ。ポイントは常温のトマト。胃腸にやさしい、ぬるい温度になるからです。バジルも加えて、元気もりもりいただきましょう！

たっぷりの漢方と
スタミナのつく豚肉の
熱々スープで元気になる!
ご飯もりもり。

アジアの料理にヒントあり

マレーシアに肉骨茶《バクテー》という料理があります。党参《とうじん》、玉竹《ぎょくちく》、当帰《とうき》、甘草《かんぞう》などの漢方(薬草や香草)と、にんにくや干し椎茸で骨つき豚肉を煮込んだスープです。屋台や食堂で朝の定番メニューと聞いて、びっくり。

お店によって使う漢方はさまざまですが、ピリリとした唐辛子の効果で、汗が出て新陳代謝がアップ。体温調節もでき、暑さと仲よくなって、暑くても爽快に過ごせるからだになるそうです。二日酔いにも効果あり。東京・池袋のマレーシア料理「マレーチャン」(TEL03-6914-2051)では、看板メニューです。

85

温かいお茶で
ほっと ひといきつく
いい時間です。

熱いものを飲む

耳にタコができるくらい「水分補給を」と言われます。これは本当に重要。吉祥寺中医クリニックの待合室には、温かい健康茶のセルフサービスがあります。季節によって種類が違い、夏はプーアールをベースに、菊の花、クコの実を配合。プーアールは脂肪分解・ダイエット効果が注目されていますが、熱を冷ます効果もあるそうです。

自動販売機に頼らないためにも、外出の際はマイ水筒に入れて持ち歩きたいもの。近所の和菓子屋さんで水菓子を買って、公園の木陰でひと休みもいいな。

ピリ辛ごはん

唐辛子や生姜を使ったピリ辛料理。食べるとカッカと熱くなるので冬にすすめられますが、東洋医学では夏に食べたい料理です。

「汗を発散させる効果があるから、おすすめです。でも、食べすぎないように。多くて1日1回」と、吉祥寺中医クリニックの長瀬先生。

よし、カレー店で辛さアップにチャレンジだ！　首にタオルを巻くのはお行儀悪いけど、夏は大目に見てください。

ひやむぎにはピンクと緑のが数本
だけ入ってました。子どものころ、いつも
兄に先に食べられた。
ちゅるっ
あーっ
ピンクのーっ

夏の定番そうめんとひやむぎ

そうめんとひやむぎは違うのかと聞かれて、調べてみました。どちらも小麦粉から作った細い麺です。JAS規格や製造方法が微妙に異なりますが、食べてすぐに区別がつくほどの違いはなさそう。

いずれにしろ、夏のお昼ご飯の定番です。暑さでいまひとつ食欲がないときでも、冷水でしっかり冷やしたそうめんやひやむぎなら食べられるし、確実に涼しくなります。ただ、夏バテでこればかり食べているというのも困るので、たまには夏野菜をのせてぶっかけにして食べてみませんか。少し味を濃いめに作った茄子と挽肉の味噌炒めをのせて、ジャージャー麺ふうに食べるのも、おいしいですよ。

カラフルな生野菜は
夏の活力源です。
ガラスの器で涼しげに。

ローフードを食べる

生野菜や果物、しぼり立てのジュースを摂ると、からだが冷えると感じる人は多いようです。だからこそ、暑い夏に摂りたいのがこうしたローフード（生の食べもの）です。

しかも、夏の野菜や果物はサラダで食べるのにぴったり。きゅうり、トマト、レタス、みょうが、枝豆などカラフルな夏野菜をいろいろ盛りつけて。ドレッシングやマヨネーズには、これまた夏におすすめの梅干しをつぶして混ぜても、おいしい。よく噛んで食べてください。

ちょっとお腹が弱っているという人は、フレッシュジュースにすると消化がよくなり、生野菜を多く摂ることができます。

酸味は汗を抑える

漢方セミナーでも「酸味には、汗が出すぎるのを抑える作用もあります」と、酸味を適度に摂ることをすすめていました。酢は疲労回復や食欲不振にも効果があるので、夏バテを防いでくれます。

梅干しや梅のジュース、らっきょう漬けやピクルス、マリネなど、夏らしいメニューは、やっぱり酸味ですね。汗っかきさん、ぜひ酸っぱいメニューをどうぞ。想像しただけで、口の中から酢っぱく涼しくなりませんか。

常備できるものが多く
作っておくと便利。

夏は酢

真弓先生から、食事に関してすぐに覚えられる言葉を教わりました。食事の指導で病気を治した明治時代の食医・石塚左玄のことばです。

「春苦味、夏は酢、秋辛味、冬は油と合点して」

食欲の落ちる夏。きゅうりとわかめの酢のものや夏野菜のマリネなどはさっぱりとして食が進むし、疲労回復効果があります。また、食べものを傷みにくくする殺菌効果も期待できるので、お弁当のご飯を酢飯にするのも一案です。

今日のお昼はうどん。
ねぎたっぷりで。

香辛料を効果的に摂る

生姜、ねぎ、わさび、にんにく、みょうが、山椒、しそ…。薬味は、食欲増進、解毒、抗菌、整腸などの作用があります。そのほとんどが温熱性食物。涼寒性食物と一緒に効果的に摂る術を身につけましょう。

たとえば冷や奴なら、生姜とねぎでバランスがよくなります。オフィスでやむを得ずクーラー漬けになったり、アイスクリームを食べて冷えたときも、食事のときに薬味をたっぷり摂ると、冷えすぎになりません。ただし、あまり大量に摂るとからだの中からカッカと熱くなることもあるので、安眠のために夜は控え目にしてください。

コリアンダーシード
タイ料理のパクチーは
コリアンダーの葉っぱです。

コリアンダーシード・ウォーター

アーユルヴェーダの考え方をもとにした、からだの熱をとる飲み物です。500ml 入りのミネラルウォーターに、コリアンダーシード(種)を小さじ１杯入れて、一晩おきます。これは、更年期障害などで暑苦しさを感じている人にも効果的な飲み物です。ただし、長持ちはしないので、翌日までに飲み切りましょう。

コリアンダーシードの購入は、食品店やデパートなどのスパイス売場で。熱をとる効果があり、炎症を抑えたり、気持ちをおちつかせる効果もあると言われています。

なお、飲用のローズウォーターでも同様な効果が得られるそうです(化粧水用は飲んじゃダメ！)。ローズウォーターは、紅茶やミネラル水に数滴おとして飲んでください。

流しそうめんをする

さらさらの水とともに白いそうめんが竹の中を流れてくるようすは、見た目も涼しげ。夏の風物詩です。今年は、家族や友達と集まって、「流しそうめんパーティ」なんていいですね。

竹を切りに行くところから始めるのもすごく楽しそうですが、この竹は買うこともできます。インターネットで「流しそうめん 竹」で検索すると、売っている店がいくつか出てきます。

夏のおやつは果物

ジューシーで甘い
夏の果物。

夏は、からだだけでなく暑さで神経も疲れています。朝から仕事をしていると、夕方４時くらいには、電池が切れたように心身に疲れを感じませんか。アーユルヴェーダでは、生き生きとした活力を「オージャス」と呼ぶそうです。

夏の夕方にオージャスを得るために、フレッシュな果物を食べたり、しぼり立てのジュースを飲むと、いいですね。果物はほてったからだを冷やしてくれるし、甘さはエネルギーになりますから。しぼり立てのジュースに、クラッシュした氷砂糖を加えてもいいです。

「アーユルヴェーダは、生まれた土地でとれるものを食べることがいいという考え方です。日本人は、遠い外国でとれた果物ではなく、スイカ、メロン、桃などの日本の夏の果物を食べるのがいいと思います。また、果物だけではなく、からだの調子をふだんから整えるためにも、住んでいる土地の旬の野菜を食べましょう」(井上さん)

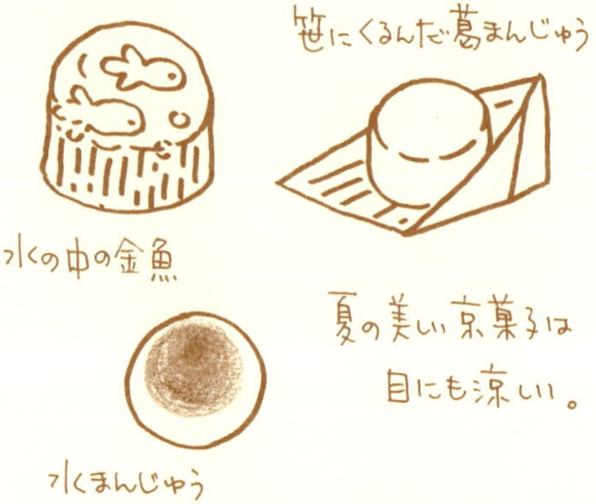
笹にくるんだ葛まんじゅう
水の中の金魚
夏の美しい京菓子は
目にも涼しい。
水まんじゅう

涼しげな京菓子

夏の京菓子は、きれい・かわいい・涼しいの３拍子そろった小宇宙。葛まんじゅう、水まんじゅう、水槽に金魚が泳いでいる様子を表現した寒天菓子など、いろいろ楽しめます。

まずは、じっと眺めて、その中に自分がいる光景を想像。葛や寒天に包まれて、ああ涼しい。その後、つるんと味わってください。

葛と寒天は、冷蔵庫いらずの常温で固まる素材です。寒天を使った夏のおやつは、家でも簡単にできます。みつ豆に入っている砂糖を入れただけの寒天を作って、あんこやアイスクリームをのっけたり。寒天はからだを冷やす効果もあります。

思い出のおやつの復活

夏の思い出のおやつは、地域色＆家庭色が豊かです。

「白玉団子とトマトのお砂糖がけよ！」と言うのは、東京出身の石渡さん。白玉団子は、白玉粉に水を加えてひと口大に丸め、たっぷりの熱湯に。ぷわぁんと浮かんできたら冷水で冷やし、白砂糖をかけて食べます。トマトのお砂糖がけは、冷やしたトマトをざく切りにし、同じく白砂糖をかけて。冷たくて甘くて元気が出るやさしい味、おばあちゃん手作りの、夏休みのおやつの定番です。

大阪出身の松井は、なんてったって冷やし飴。飴といっても、水と砂糖と生姜で作る飲み物で、ニッキ（シナモン）が入っていました。駄菓子屋の店頭に必ずあって、プールの後に寄り道してグビグビ。

皆さんの思い出のおやつは何ですか？

アメ
じゃない！
冷やし飴
白玉団子
トマトのお砂糖がけ
トマトのぐちょっ、としたところとお砂糖がからんでおいしいの！

97

ビアガーデンへ行く

昼は温かい飲み物で過ごして、胃腸の調子もいいので、ビアガーデンに行きましょう。理想は、仕事を早く終えて、まだちょっと明るい時間から。冷えたジョッキでぐいっと一杯。枝豆とトマトサラダあたりのカラフルで夏らしいつまみをちょこっと頼み、さっと涼んで、さっと帰る。

だらだら飲んで、だらだら時間が過ぎると、ただの暑苦しい酔っぱらいになっちゃいますよ〜。飲み足りない人は、おうちで続きをゆっくりと。

ビールは飲みすぎない

胃腸は冷えると働きが悪くなり、食べものから栄養を吸収しにくくなって、夏バテにつながります。

「夏は、冷たいものを飲んだり食べたりして、胃腸を冷やす人が多いです。胃腸のためには、常温の飲み物が理想。でも、暑いとそうも言っていられませんね」（長瀬先生）

そうなんです。やっぱり仕事の後はビールが飲みたい。

「もちろん！　僕も飲みますよ」

ただし、飲みすぎないように。冷えたと思ったら、生姜や山椒などを摂って、胃腸を温めましょう。

仕事をする。
暑い時間は、お昼寝してよし。
ペパーミントのルームスプレー
手早くそうじして、
手早く料理して、
合い間に仕事する。
おやつには、スイカジュースをぐいーーっ。
おいしいー。
夕ご飯
ゴーヤチャンプル
おつけもの
冷や汁か、野菜たっぷりスープ
雑穀ご飯
ビール…。
お風呂はぬるめでゆっくり入る。
リラックスー
夜は、早めに寝る。
扇風機で、部屋の空気まわし。

むくり
オハヨー
朝は、早めに起きる。
涼しいうちに、家のまわりに打ち水をする。
KIWAKO66の
クーラーいらずの涼しい一日。
by Ishiwatari Kiwako66
朝のウォーキング。
今日も晴れそうでーす。
公園のベンチで朝ご飯。
しぼったぬれタオルで汗をふきとって、さっぱり。
風通しよくして、
仕事をする。
昼ご飯
夏野菜たっぷりのぶっかけそうめん
ハーブティ

この本で紹介した

商　品　名	販　売　先
パッシブウインドウ	オイレスECO
現場発泡ウレタン	アイシネン
クールカーテン64(オーダーメイド)	坂井レース
スコッチティント　ウィンドウフィルム(遮熱フィルム)	住友スリーエム
Low-Eガラス	窓工房
ルーバー雨戸	アット！こどもの国
外付けブラインド　サンシャディ	オレイスECO
涼感バーセア(MTシリーズ)	TOTO
オーニング・突っ張りタイプ	リーベ
エアースルー	司コーポレーション
スイス漆喰カルクウォール	風の谷工房
スゴ衣 薄軽爽 NUDYキャミソール	ワコール
冷やし爽綿	ワコール
メンズ肌着〈BROS〉	ワコール
冷やテコ	ワコール
スゴT	ワコール
タイパンツ	タイパンツ・ショップ
涼風爽快(ビジネスシューズ)	シュー・プラザ
国産天然竹の快眠マット	竹虎
座敷ほうき	江戸箒 白木屋傳兵衛

(注1)☆は、住宅の大きさなどによって違ってくるので、明記していません。
(注2)＊はワコールお客様センター　フリーダイヤル(9:30〜17:00。土・

涼しい商品一覧

価　格（税込）	連　絡　先
（2012年春発売予定）	03-5427-6638
☆	0120-8347-14
8600円（100×170cmくらい、2枚）	0277-78-2132
1万4000円／㎡（材料・工事費込）	0570-012-123
10万円～（畳2枚分の窓／工事費込）	0120-797-348
1万5000円～（高窓1間／工事費別）	045-962-0564
☆	0120-564-226
1ユニット1733円（10×10cmが9枚）	0120-03-1010
1万5500円（1.5間／送料込）	047-470-9500
☆	0278-20-9250
2万3520円（約10～15㎡分／25kg）	03-5242-2257
3465円～	〃
2625円～	〃
1890円～	〃
2940円～	〃
4410円～	0120-307-056＊
おとな用1700円～、子ども用1280円～	http://thaipants.net/
7245円	03-5256-7753（SPIインフォメーション）ご注文は0120-65-6961
2万475円（シングル）	0889-42-3201
3500円くらい～	0120-375389

販売先にご相談ください。

日・年末年始・祝日を除く）。

著者紹介

石渡希和子（いしわたり・きわこ）

イラストレーター＆フリーライター。東京出身。当初テキスタイルデザイナーになるが、流行をとらえる仕事が苦手と気づき、牧場仕事、出版社勤務、飲食店店員、アメリカ滞在などを経て、独立。旅、自然食、蕎麦、酒などが得意分野。西日の強い仕事場の窓は、すだれと遮熱カーテンのW使い。ペパーミントとゼラニウムのルームスプレーはお気に入り。よく食べ、よく呑み、よく運動し、汗をかけば、クーラーいらずでぐっすり眠れます。

主著＝『ぜいたくなひとりごはん――毎日の食事をちょっぴり楽しくするヒント』（すばる舎、2006年）、『おいしいごはんの店――自然派レストラン全国ガイド』（共著、野草社、2005年）、『からだに優しい冷えとり術』（画、コモンズ、2010年）。

松井一恵（まつい・かずえ）

walk writer＆フードアナリスト。大阪出身。某新聞社の学生ライターのアルバイトを経験したのがきっかけで上京。田んぼや畑、山や森、自然の風景が目に浮かぶ食、環境や人のつながりがテーマ。夏でも足が冷えるので、からだが「クーラーいらない！」と叫びます。早起きして仕事を開始し、暑さピーク時は冷えすぎていない図書館へ避難。夜はジムのゲルマニウム温浴でドバッと汗かいてすっきり。

主著＝『多摩おさんぽ日和』（けやき出版、2008年）、『えこたま食堂』（けやき出版、2010年）、『東京玄米ごはん』（共著、野草社、2007年）。

クーラーいらずの涼しい生活99の技

2011年6月30日・初版発行
2011年9月1日・2刷発行
著　者・石渡希和子・松井一恵

発行者・大江正章
発行所・コモンズ
東京都新宿区下落合1-5-10-1002
TEL03-5386-6972 FAX03-5386-6945
振替　00110-5-400120

info@commonsonline.co.jp
http://www.commonsonline.co.jp/

印刷／東京創文社　製本／東京美術紙工
乱丁・落丁はお取り替えいたします。
ISBN 978-4-86187-081-1 C0077